和秋叶一起学

个人品牌创业之路

8种能力破局创业维艰

秋 叶 张小桃 ● 著

人民邮电出版社

北京

图书在版编目（CIP）数据

个人品牌创业之路：8种能力破局创业维艰 / 秋叶，张小桃著. -- 北京：人民邮电出版社，2021.9
（和秋叶一起学）
ISBN 978-7-115-56620-1

Ⅰ. ①个… Ⅱ. ①秋… ②张… Ⅲ. ①创业—研究 Ⅳ. ①F241.4

中国版本图书馆CIP数据核字(2021)第123126号

内 容 提 要

本书从打造个人品牌实现创业的角度出发，系统总结了创业需要具备的 8 种关键能力，分别是定战略、选对人、链资源、带团队、会激励、避风险、管好钱、控成本。秋叶基于自己的创业实践，结合自身的创业感悟和商业思考，在本书中为致力于打造个人品牌的创业者提供了一套切实可行的思维模式和实践方法，旨在帮助创业者运用这 8 种关键能力破局创业维艰，提高创业成功率。

本书可作为创业者的指导书，尤其适合个人品牌的初创者阅读。

◆ 著　　　　秋　叶　张小桃
　　责任编辑　牟桂玲
　　责任印制　王　郁　彭志环
◆ 人民邮电出版社出版发行　　北京市丰台区成寿寺路 11 号
　　邮编　100164　电子邮件　315@ptpress.com.cn
　　网址　https://www.ptpress.com.cn
　　北京市艺辉印刷有限公司印刷
◆ 开本：700×1000　1/16
　　印张：13　　　　　　　　　插页：1
　　字数：196 千字　　　　　　2021 年 9 月第 1 版
　　印数：1 – 6 000 册　　　　 2021 年 9 月北京第 1 次印刷

定价：69.90 元

读者服务热线：(010)81055410　印装质量热线：(010)81055316
反盗版热线：(010)81055315
广告经营许可证：京东市监广登字20170147号

这本书的由来

这本书的写作是在我的计划之外的，原来没有想过要写这本书。但创业不也正是这样，一开始以为终点是A，但路上往往自己先拐了弯。

写第一版的起因是2018年元月，我的合伙人邻三月和我商量："大叔，如果要开一个月的在线训练营，收费4999元，开怎样的课程合适？"

这可是一个大挑战，我们思考过开理财营、阅读营、亲子教育营，甚至还有"变美营"。但我感觉这不是我们所擅长的，也许以后有一天我们能做好这样的训练营，但不是现在。

邻三月在翻看我给她写的工作记录时，发现她曾问过我的一个问题："作为一个公司的创始人，我应该做哪些事情？"

我说："作为一个创始人，不能只盯着业务，要思考更大的事情，这些事情作为一个员工、作为一个业务精英往往不怎么关注，但是作为创始人就必须要思考。"我给她写下了7条建议：定战略、选对人、链资源、留住人、用好人、避风险、管好钱（现金流和成本）。

邻三月翻出这些聊天记录，眼睛一亮，说："我们就开这个创业营好了。大叔，你这是给创始人的极简MBA课程，我听你讲觉得超值，你应该分享出去！"

于是创业营就这么开始了。把创业营的招生简章发出去，居然吸引了300多个人报名。我们认真审核了报名资料，只选了60位朋友。对其他朋友，我们的建议是"不如再好好积累一下"。我们的课程可能更适合有一定创业积累的人，而不是刚刚想创业的人。

创业营招生顺利，怎样讲课却成了难题。考虑到创始人们都很忙，若做语音分享，大家同时在线的难度太大。所以，我想把要分享的内容提前写好，发给大家看，然后在线交流讨论；不能及时参加的，第二天在社群里"爬楼"回看也很方便。这不就是翻转课堂的教学模式吗？

结果没想到一提笔就刹不住车，洋洋洒洒写了10万字，于是就有了这本书。写作时感觉冥冥中自有天意，写得特别顺畅，好像这几年的创业感悟一下子都涌出来了。这些分享的内容，得到了学员们的高度认可，他们都觉得将其结集出版是一件特别好的事情。

所以，我整合了我们整个创业营7堂课的讲稿，加上课前思考题、大家的在线交流讨论内容，写成本书，希望能帮助和启发正在创业的朋友们。

2021年，我系统升级了这本书，原因有两个：一是3年过去了，我对创业的认识越来越深入，对很多问题有了更深入的思考；二是我发现我的创业经验对打造个人品牌的人更有启发，我自己就是从打造个人品牌开始的，从习惯什么都自己一个人干，到要带团队，要找市场，要找流量，要从"把一个人活成一个团队"的状态进化到"成为一支能打胜仗的团队的创始人"，这个过程是一场蜕变，并不容易。

很多朋友开始打造个人品牌后，也意识到打造个人品牌只是开始，形成个人影响力后，事业要更上一层楼，就必须走带着团队创业之路。但是他们过去更习惯于一个人解决问题，对商业思考不够深入，我希望本书能帮助这样的朋友更好地开始自己的事业之路。

最后要特别感谢创业营的全体学员，特别感谢小章鱼儿为本书所做的插图绘制工作；也特别感谢为本书再版而全面进行文字审校的张小桃，她给本书提出了大量的改进建议，帮我把内容、章节都重新做了梳理，包括新增了一章内容；还要感谢在我背后默默支持我的家人。另外要说明一点，整本书我保留了在线分享时的口语化写作风格，就是希望让读者能更好地体验我们线上社群内部的交流气氛。希望大家喜欢这样的文字风格，也喜欢这本书。

创业对我也是一场修行，书里或许有观点欠妥、论述不周的地方，欢迎大家批评指正。

秋 叶

2021年2月

目录

写在创业训练营开课之前

第1章
在不确定性时代看得准路是稀缺能力

创业是为了找到赚钱的模式，不是比"烧钱"的能力。一家公司的创始人最重要的3件事是看准路、选对人、找到钱。

第2章
选什么样的人一起创业才能成功

想法多的创始人要找到能帮你收敛想法、执行想法的合伙人。执行力强的创始人要找到有战略眼光、有路径规划能力的合伙人。

第3章
关键资源链接

一个创始人的商业潜力，不在于他现在手里有多少钱，而在于他能调动多少资源为企业所用。

第4章

员工成长及福利规划

对普通员工，企业要为他们创造安全感；对优秀员工，企业要为他们搭建事业的舞台。不用逼普通员工成为事业狂，也不要有意无意地为优秀员工的成长设限。

第5章

目标分解考核与激励制度

员工需要先相信有人能带着他们达到目标，他们才愿意挑战目标，而创始人就必须在这时站出来。

第6章

风险识别及规避

做企业最大的冒险是不思进取，小富即安。这个世界不会给你太多的
打盹时间。

第7章

不重视现金流的企业难以持续发展

不能快速带来现金流的商业模式都是经不起推敲的，重视现金流的企业更
容易持续发展。

第8章
不懂成本控制的企业没有竞争力

要想让一个企业的现金流保持健康,就得控制固定成本投入,合理压缩可变成本在营业收入中的占比。

写在创业训练营
开课之前

作为创始人，也就是未来的企业家，除了关心企业的业务发展，还应该做点什么？

我认为，创始人既要看得到点，钻进去；也要看得见面，铺开去。我们不能只看自己企业的运营变化，也要能看到别人企业的发展趋势。我们不能只看自己行业的前景，也要能看到国家的政策趋势。

创始人最重要的工作，是慢慢从具体业务的发动机进化成企业方向的导航仪。

从思考具体问题转向思考全局性问题，培养战略思考能力，站在宏观视角看自己的业务，这样才能摆脱只关注单一业务的思考模式，看到不同的打法；摆脱对过去成就的路径依赖，不断升级自己的商业模式（见图0-1）。

我们的商业模式能做大吗？能满足自我内心的预期吗？

我们的经营资源充分吗？能对抗对手持续的挑战吗？

我们的人才储备足够吗？能满足未来发展的需要吗？

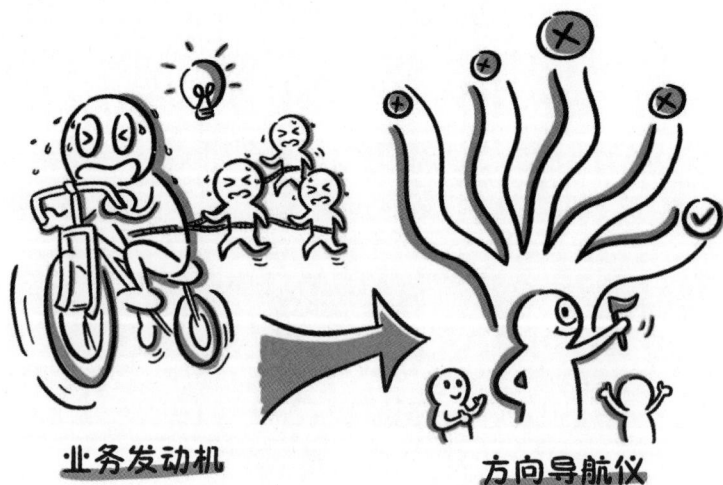

业务发动机 → 方向导航仪

图 0-1　创始人的工作

仔细研究历史上成功的商业模式，我们会发现，随着企业规模由小到大，其背后隐藏的商业规律，看似有不少是全新的发现，其实已在历史中多次重演。

从这个意义上，我认为创业是有"捷径"的，我们没有必要重复同样的错误，才能找到适合自己的路。能把事情做对的人很多，但知道什么事情是对的人很少。**机会永远偏爱那些能看清楚路的人。**

我认为，在这个选择过剩的时代，创业者从弱肉强食的陆地竞争模式进入抱团共生的海洋竞争模式，是必然的选择。

同行之间天然的竞争性往往阻碍合作的开展，而不同赛道联合起来，形成更大的生态圈，才会有更多的市场机会。

因此，这本书里，我分享了这几年在企业经营方面的思考，也以此自勉，和大家一起进化，让我们投身的事业能够持续发展。

互联网行业一直说"赢者通吃"，意思就是资源向头部集中。什么是头部？是不是你的微博、微信公众号有百万"粉丝"就是头部？是不是你的微信公众号经常有阅读量10万以上的文章就是头部？

我认为不是这样。在商业世界里，头部的标准一直很简单，那就是你的赚钱能力。如果我能持续证明我的赚钱能力在提高，那么大家就会认为我有能量，反而会吸引更多人愿意和我一起做事业，结果我的事业会更容易成功，这个过程就叫"自我赋能"（见图0-2）。

图 0-2　自我赋能的作用

个人品牌创业有个特点，就是非常重视打造爆款事件。先做一件全网很多人关注的事情，然后顺势推出某个产品和服务，吸引很多人购买，等于一下子获得了一笔原始资金投入。这个过程也是"自我赋能"。

成功借助爆款事件启动自己的商业，对很多人而言是梦寐以求的事情。越是获得阶段性成功，越容易汇聚更多资源，从而打造更大的爆款事件，带来更多的商业潜力。

自我赋能，意味着你必须先做到一件在别人眼里根本不可能做到的事情。

一般人觉得很难的事情，如果你做到了，你就会成为别人眼中光芒四射的"牛人"，就获得了做事需要的势能，也就是影响力，就能降低潜在用户的信任成本，这对想要开启个人品牌创业的"素人"来说，非常重要。

顺便说一句，不是所有人都能做到头部，也不是所有人都要成为头部才叫自我赋能。普通人如果给自己定一个坚持100天的小目标，每天在通往目标的道路上进步一点点，就能慢慢发现自己的潜能，找到正确的方向，也会逐渐影响周围的人对他的看法，带来更多的机会和可能，这也是自我赋能。

有的创业者越做越顺，很重要的一个原因就是他们通过某件事情自我赋能，从而吸引了更多资源，让事业越做越大。

自我赋能的过程就是慢慢积累个人品牌的过程。

创业者有了个人品牌，手里就握住了一个巨大优势——拥有了自己产品的定价权。没有定价权，很大概率就会陷入价格战的泥潭，企业会因为利润降低而难以维持产品和服务质量，最终是企业与用户"双输"。

我在创立秋叶PPT以来，很少迎合市场，打价格战，反而是一直试探市场向上拓展的可能性。

2012年，PPT图书普遍卖49元，我的书卖99元。

2013年，PPT网课普遍免费或者卖9.9元，我的网课卖99元。

2016年，主流网课卖99元，我的网课卖199元。

2017年，主流训练营定价199元，我的训练营定价699元。

2018年，别人的训练营定价999元，我的在线训练营定价4999元。

2018年，别人的线下课定价6880元，我的线下课定价15000元。

2021年，别人的社群定价一年1999元，我的个人品牌IP营定价12800元。

我一直很清醒地意识到，我从事的是服务业。在制造业领域，往往是生产规模越大，边际成本越低。服务业和制造业不同，不一定有边际成本递减效应，在服务行业，往往是生产规模越大，成本越高。

为什么？因为服务行业的很多工作必须依赖人去完成，人的招聘、培训、管理和考核的成本很高。

2016年，我开始做在线训练营时，28天只敢收费599元，但这已经是市场上的高价训练营。这个价位的训练营能招到500人不容易，也就是不到30万元的销售额。从招生到运营的两个月时间内，养两个全职员工却赚不到30万元，这不可能是赚大钱的生意。

更重要的是，如果我不能以更高的价格开营，整个市场会被低价锁死，形成一种心理定式，好像28天的训练营就应该收599元。

我想突破这个心理定式，让很多人意识到4999元的在线训练营也是可以开办的。有价格空间的产品，才能吸引一流的人才，才能提供更优质的服务，才能把整个行业做大做强。至少我能收4999元，很多人会觉得自己收599元不贵，收得起高价才能有更多的资源投入，在线训练营的整体服务质量才能得到提升。

有了这个价格锚定，未来秋叶团队做各种训练营的空间就打开了，定价4999元一个月的训练营赚不赚钱不是最重要的，最重要的是打破过去的价格锚定。

价格的作用不仅仅是突破支付空间，价格本身也是彰显品牌影响力的指标。真正稀缺的产品都是不打折的。高价训练营在筛选用户的同时，也在积累我们的品牌势能。

拥有个人品牌对积累创业的人脉也非常有好处，更容易为未来的事业发展埋下伏笔。

一旦开始创业，你就会发现优质人脉才是事业的加速器。很多人在刚刚认识别人的时候，没有发现别人的价值，很大程度上是因为自己的事业规模没有展开，无法承接别人的资源。如果你有个人品牌，就会有越来越多的人愿意主动见你、了解你，你就越可能遇到真正对事业有帮助的人。

没有个人品牌的创业者想找到合作伙伴，难在哪儿呢？难在信任成本太高，大家不愿意把时间花在没有证明过自己的人身上。而拥有个人品牌，就拥有某个领域的势能，借助这个势能，自然就能更快链接到更优质的人脉。

我自己深切感受到，事业要做大，圈子要升级，就不能闭门造车，不能坐井观天。很多你所在的行业觉得很难的事情，在其他行业早就是"轻舟已过万重山"了。

如何找到高质量的人脉？一种做法是去上别的老师昂贵的线下课。但这种链接有缺点：一是缺乏主导性；二是链接的时间往往太短，沟通不深入。

另一种做法是去读EMBA（高级管理人员工商管理硕士）。但是，我现在事业刚刚起步，极为繁忙，抽不开身。

还有一种做法就是加入各种协会——"混圈子"。我个人觉得现在圈子多、饭局多，无效社交也多。

如果你有个人品牌，你就在某个领域有了一个识别度很高的标签，会让别人主动来链接你，而不是你盲目出击，到处找资源。从寻找优质资源到吸引优质资源主动链接，能节约巨大的成本。

自从我被贴上"PPT高手"的标签，PPT定制的业务就源源不断找过来。现在PPT定制只是我们整体业务的一小部分，我的个人品牌标签也完成了升级，从教"PPT"跨越到帮更多优秀的人打造"个人品牌"，链接到更多行业的精英，找到更大的合作机会，加速彼此的事业发展。

所以，我创立了高端社群"个人品牌IP营"，社群成员都是拥有个人品牌或者想要打造个人品牌的行业精英。从2016年走到2021年，个人品牌IP营已经累计服务了超过3000名会员。大家在这个社群里事业互通、人脉互通、信息互通（见图0-3），帮很多人打开了事业新的可能。

说到创业中人脉的作用，这里给大家分享一个故事。我的一个学员去一家律师事务所学习人家的管理经验，旁听了一场几个合伙人分配下一年大客户任务的会议。听完后她感触很深。下面是我和该学员的对话。

学员："原以为这会是一场文件比人还高的任务繁重的大会，光背景资料就得先解读一小时的那种，可没想到这场会议大大出乎我的意料。"

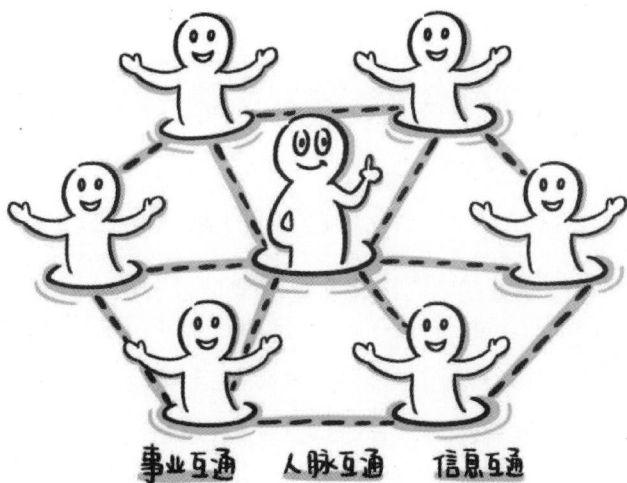

事业互通　人脉互通　信息互通

图 0-3　个人品牌 IP 营的作用

秋员："哦？"

学员："他们开大客户任务大会，竟然连PPT都没有。他们将30来个目标客户的名单印在一张A4纸上，领头的合伙人从头一个接一个读，每提及一个企业的名字，都至少有一个合伙人很自然地说，'哦，这家的老板（或副董事长）我刚好认识'，或者'我部门的资深律师已经跟对方法务负责人联系上了'，最差的回答也是'这家的董事会我们目前没有熟人，不过我们倒是和HR主管互加过微信，可以试试'。就这样，他们半小时就把上亿成交额的任务分配完了，根本不需要讲方案，简直太酷了！"

会后，那几位合伙人对我这位学员说："新媒体，我们需要向你们学习；但我们传统大公司的世界也可以供你们参考，因为我们聊的是江山。"我也希望大家在个人品牌IP营能多聊一聊"江山"。任何行业，越往上走，就越是要不断用"圈子"打江山。这就是我们为什么要严格筛选，为什么要用高价格门槛拦住绝大部分人的原因。因为在某些场合，高价格是实力最好的筛选器。所以，我希望大家加入个人品牌IP营后能有两大收获：第一个大收获是人脉；第二个大收获不是我个人的思考，而是整个IP营、整个人脉圈里各位创始人高质量的思考。

我总是对有个人品牌的创业者们说："如果一个人要成为创始人，就要意识到一点：从打造个人品牌赚钱的思维中跳出来，不要在意眼前的小钱，而在意打开眼界，在意扩展人脉，在意收获商业模式，这样你才能学到如何借助个人品牌势能在市场上去围更多更大的鱼。"

顺便说一句，为什么很多人喜欢我们个人品牌IP营的氛围？我们的社群和过去的各种网络线上学习训练营相比有什么不同？

首先，我们是带领大家进行碰撞式学习的。碰撞式学习不是微课分享模式，而更多是借鉴MBA商学院案例交流模式。大家在互相交流碰撞中可以吸收不一样的信息、不一样的观点，看见不一样的思维模式，从而启发大家在自己的领域引入新的方法、新的模式，进而在服务的人群中培养新的消费习惯。

如果我们能引领新的消费习惯，就意味着能在下一局创业游戏中拿到自我赋能的门票，可以创造更高的势能来整合更多的资源，赢得更多的竞争筹码。

请大家记住这句话——**从个人IP到创业者，是一段看见更大天地的旅程。**

今天的中国，供给极大丰富，消费的选择多到爆炸，年轻人更愿意接受新的品牌，接受本土的品牌，更愿意买自己喜欢的人推荐或是出品的好产品。这意味着，没有品牌影响力，就无法获得好的回报。

所以，企业都在花大力气打造品牌，而移动互联网的头部效应，又让资源、流量向头部品牌集中，没有品牌的企业或个人，要赢得竞争会越来越难。未来的商业世界，谁有品牌力，谁有用户，谁就能占领市场。对于创业者来说，打造个人品牌就成了必然选择。

第1章

在不确定性时代看得准路是稀缺能力

创业是为了找到赚钱的模式，不是比"烧钱"的能力。一家公司的创始人最重要的3件事是看准路、选对人、找到钱。

1.1
你准备好当一个合格的创始人了吗

创始人决定了一家公司的发展基因。

很少有人知道，我做第一份工作的时候，是下定决心不创业的。那时我25岁，进入一家不到200人的公司，那家公司刚刚创立8年，对外喊出的口号是要二次创业。

我在公司做员工游刃有余，转过头看公司老板，觉得他每天为了工作疲惫不堪，还不了解一线实际情况，又累成这样，真不值得。我当时对太太说，我们就赚点小钱，买了房子，简简单单过一辈子也挺好。

为什么我那时不想创业？因为我看到，很多创始人在公司步入正轨的5年、10年后，仍然忙得不可开交，仍然需要亲自做很多很小的决定，累得要死，员工还不理解，这是何苦？

没有想到当年不想当老板的我，今天义无反顾地去创业了，人生真是有很多意外。

我为什么要创业？这是一个回归初心的问题。我在创业的时候，的确问过自己3个问题：

（1）我需要从创业中得到什么？

（2）我希望打造一家怎样的公司？

（3）如何让我的公司成为这样的公司？

我认为一个人创业可能是被命运之手推动而走到这一步的，但是既然走到了这一步，就需要认认真真地回答这些问题。能不能回答这些问题，其实就是考验一个创始人有没有想过长期发展战略。

1.1.1　我需要从创业中得到什么

我创业的时候已经算是进入了安逸的中产阶层。我在高校教书，我太太在电信局上班，就这么干到退休，我也没有压力。而且我能写书，还能做内训，赚外快的收入也很不错，靠赚很多很多的钱来提升生活质量不是我创业的动力。

创业并不是一件让人愉快的工作，特别是在付出很多却一分钱都赚不到的情况下，很容易让人怀疑人生。但我面临的挑战，不是没有赚钱，而是我能否从这样的人生逆境中走出来，为事业打开新的可能。

所以，想从创业中得到什么这道题，我最后思考出的答案是：**我想知道我人生可触达的极限在哪里。**

知道这一点后，我反而放心地去创业了。因为我是一个目标驱动、会排除万难去工作的人。

作为一个普通人，目标驱动其实比情感驱动更容易坚持，因为目标能让人冷静思考我们到底为何而出发。

创业最怕什么？怕不思进取。

2017年年底，做年终盘点时，小伙伴问我："我们可不可以不管对手？我们做好自己，确保有足够的利润。别人要刷量就刷量，我们不和他们比数据，我们比盈利能力，可以不？"

当时我心里不以为然，但没有马上表态反对。我觉得这是我创业以来犯的最大的错误——因为太累，松懈了。

在一个充满竞争而达到均衡的市场，追求利润率是一个可行的经营选择。

在一个还有足够成长空间的市场，只追求利润率，即使现在过得不错，要不了两年，我们就会发现自己在行业内地位不保。

一个公司失去了斗志，往往是因为创始人失去了斗志。

也不能太苛责创始人，因为创业真的很耗费人的心力，半途而废不是什么意外，是常态。

我在创业过程中，经常也会问自己："干吗这么拼？干脆丢给小伙伴，管它呢，至少我可以拥有自己的生活，我又不差钱。"

个人认为，企业创造利润不仅仅是为自己赚钱，而是解决社会问题。创造价值的同时，为员工创造工作机会，这就是创业者的社会责任。

如果创业者失去斗志，或者目标只是赚钱，企业是走不长远的。企业没有成长性，人就很容易失去动力，慢慢变成温水里的青蛙。

做伟大的企业和做幸福的人，不是那么容易兼得的。

创业路上，怎能允许"佛系"心态？我们常常说别人成功是因为赶上了风口，撞对了时运，把时代给他们的成功当作自己的能力。换到我们身上，还不是一样？

风口散去，竞争才真正开始。

在任何情况下，都保持极为冷静的思考能力，是创始人的基本素质。创始人应该始终专注思考"我怎样做才能更好、更快、更低成本地接近目标"，而不是纠结自己付出这么多，有没有被人看见、被人认可——这是把一个创始人、一个管理者降格成了一名普通员工。

我刚开始创业时并没有认真思考这些问题，只是发现一个赚钱的机会，马上行动，结果赚到了钱。慢慢业务做大了，被迫招兵买马，被市场推着走得更远。但是我自己也好，我的团队也好，我们都没有真正做好成为一名创业者，去运营一家可持续发展的公司的准备。

如果一个公司的初创员工更多是为了赚钱走到一起，没有更长远的抱负和理想，那么在公司发展过程中遇到挑战或者困难的时候，他们是很难坚持下去的。甚至创业者，特别是习惯了凭借个人品牌的势能轻松赚小钱的创业者，自己也很难坚持去做一件短期内要重度投入，过很长时间之后才能看到回报的事情。

在我的公司发展过程中，我恰恰忽略了这一点，没有明确告诉每一个员工我们公司的使命是什么，我们在一起要创造一个怎样的可能，解决怎样的社会问题；更没有引导员工真心相信这个使命，进而愿意全心全意地投入其中。

不管是创始人，还是创始团队，如果没有明确企业的使命，就很难坚守长期主义。

所以很多人找我聊天，说自己想打造个人品牌的时候，我会很直接地问："请问你是想要名还是利？是多大的名、多大的利？还是说你就是发自内心想做成一件事？"

今天我的选择是去做成一件事：为工作0～5年的职场人提供更好的职场技能学习课程。

做好这件事，就是我打造个人品牌、投身创业的使命。

在创业前我就已经知道如何通过出卖智力和体力实现年入百万，也知道这条路适合高素质的个人，不适合团队。

在我正式创业前，我也开过两家都赚到了钱的小公司，可最后都关闭了。我从此知道弄个项目赚点钱不难，但能持续赚钱很难。要持续赚钱，就不能靠自己，得靠团队。

我创业的初心一开始很简单，就是带着小伙伴们做有长期回报的事情，让跟着我创业的小伙伴都有安全感。

我没有想过上市，我不太想融资，我觉得那样很麻烦，闷声赚小钱是我的理想。而且我创业时已经38岁了，一帮年轻人信任我，愿意跟着我干，我当时的想法就是希望他们觉得跟着我干不亏。不能拿梦想忽悠他们，以致最后公司关门，他们跟着我钱没赚到，本事也没学到。在有钱赚的公司，人容易学本事；在没钱赚的公司，人容易学会发牢骚。让小伙伴赚到钱很重要，这样很多年后，他会想起和人生中第一个老板做事，学到了技能，还赚到了比在别人那里更多的回报，他就会感激你。我其实知道一个人在成长过程中需要什么。一开始人觉得有梦想就够了，到了中年，就觉得"人到中年，早已没有梦想，只盼着日子简简单单"这句话有道理。普通人最终需要什么？房子、家庭、安稳的生活，偶尔加加班拼拼命没有问题，但只能是偶尔。

不需要谈大道理，一个创始人的良心就是要帮跟自己做事的团队赚更多的钱。团队看到你有这种心，又有能力带大家赚钱，就愿意跟你拼命干，这就是所谓的人格魅力。

我认为，创始人不要高估自己的能力，这个世界上不缺有本事赚钱的人。很多人之所以没有赚到钱，不是个人能力差，而是因为他进入的行业不对，或者进入的时机不对。

人在年轻的时候对世界是缺乏判断力的，往往稀里糊涂就进入了一个行业谋求发展，整个人的思维和做事的方法也会被这个行业所局限。等自己想改变的时候，发现自己就是那只温水里的青蛙。

我刚毕业时，运气很好，我没有去机械行业，而是进入了更适合自己的IT行业，从2000年一直做到2006年年底。在这个行业做事，让我有机会关注互联网，这为我后来成为所谓的"网红"奠定了基础。我要是留在机械行业，估计会很难意识到需要写博客。而在2004年，IT圈的人写博客是一种时髦行为。

IT行业发展很快，竞争压力很大，这也让我有机会接触了大量先进的方法论和思考模式。因为进入IT行业，我才成了离互联网很近的人，才有了用互联网和新媒体改造传统行业的意识，这个传统行业我选的是教育。

我并没有认为我一定要做在线教育，只是在2012年我就认为这件事至少有20年的红利上升期，当然中间会有波动，但趋势不会变，我们努力的方向不用变。

在一个有20年红利期的行业中做事，我们才能给团队可持续的回报。

作为创始人，一定要有战略眼光。你要想一想，你做的事情，在未来的10年、20年，是不是肯定处于上升期？只要是处于上升行业，一开始走错路、没看到方向都不要紧，因为"留得青山在，不怕没柴烧"。

18世纪，棉纺和贸易是上升行业；19世纪，铁路和钢铁是上升行业；20世纪，金融、航空和IT是上升行业；21世纪，互联网是上升行业，而且这个行业改造传统行业的过程，让新人有了出头的机会。

没有这种机会，我这种没有商业经验的人，怎么敢进入在线教育行业发展？

我从来不认为知识付费是一个有巨大机会的上升行业，因为知识付费对标的传统行业是出版业，规模不过千亿。但在线教育是一个有巨大机会的上升行业，因为在线教育对标的传统行业是教育业，规模是万亿。

做知识付费，不过是节约导流用户的成本；做在线教育，才是赚钱的起点。

当然，有的行业历经千年，需求一直稳定，比如衣、食、住、行。这样的行业，其实不能贸然进入，需要大量的积累，等一个可以进入的风口。比如教育行业，如果不是有在线教育的风口，如果不是我在互联网和教育两个行业都积累了15年以上的经验，我也不会考虑去创业。但是两个行业跨界的机会出现了，我又具备在这两个行业跨界的能力，这就是考虑创业的极佳时机。如果只是对自己过去的行业门清，出来创业就很容易陷入同质化竞争，难以产生新的商业模式，最终容易干来干去干成了恶性竞争，钱没有赚到，彼此的心态都坏了，这样的创业得不偿失。

用一个行业的经验，借一个行业的势能，再进入一个上升的行业，打造一个靠谱的公司，这是一个好的创始人应该面对的挑战（见图1-1）。

图 1-1　创始人应该面对的挑战

为什么很多公司的创始人要进入一些看起来和他们的工作、生活离得很远的圈子？就是为了避免自己的思维被固有的环境、固有的模式、固有的行业所局限。哪怕他们在这些圈子里只是潜水观察、不说话，也能有很多新的启发和收获。

还有一点，在一个圈子待久了，就很难听到真话了。所以我建议，不管企业规模多大，创始人都应该做5件事：

（1）使用一款自己认为肯定不会用的热门应用，比如视频号；

（2）加入一个优质社群，比如秋叶个人品牌IP营；

（3）申请进入一个高质量的私董会；

（4）在有余钱的情况下，投资一个自己认为完全不关注、不了解的行业，但不要重仓；

（5）每个月读一本能打开头脑的好书。

1.1.3 如何让我的公司持续经营

看到方向的人其实很多，但是能够成功实践的人很少。所以我们常常说，一流的点子不值钱，一流的执行力很值钱。

一家公司怎样才能有执行力？我认为要做到3点：看准路，选对人，找到钱。

（1）创始人能看准路，才能发自内心地相信自己的事业，才能真正说服他人加入。

（2）有人帮你把事情做好，你才有工夫去找钱，然后大家再一起赚回来更多的钱。

（3）能找到钱，证明你的路选对了，你才能进而请到更多的人帮你。

脱不花在《脱不花：11个人生必杀技，38年亲测有效》里说到一条"好命定律"："人生总有些时刻，会让你觉得'哇，我怎么这么好命，想什么来什么！'别犹豫，这时请立即全力出击，这不是命运的安排，这是成功的信号。如果在你努力的过程中，不断有自己需要的资源意外地汇聚，就说明这件事做对了。反之，如果一件事你推动得特别困难，而且没有任何外部力量来帮助你，这也许不是命运不公，更有可能是这件事不对，他人只是给了你一个真实的负面反馈，与其'与天斗'，不如果断放弃。"

我觉得这就是对我说的3句话的生动回应。

在创业早期，公司没有能力做大量的市场调研，没有机会得到所谓的大数据，如何准确搞定市场？只能靠创始人的直觉和快速应变能力。为什么有的创始人就是牛？因为他做事凭直觉也好，靠深思熟虑也好，每次总是能踩到点子、做对选择。一次两次这样的选择累积下来，就会形成团队对创始人的深度认同，团队的执行力也会大大提高。大家即便想不通，也会认为跟着你做肯定没错，毕竟历史证明，你往往站在正确的一方，哪怕现在他们暂时不理解你的决定。

我觉得团队对创始人有"盲目"的信任，是一个有赢家气质的创始人的特点，这种"盲目"的信任会大大提高一家公司的执行力。

因此，看准路、选对人、找到钱，这3件事也应该是一家公司创始人最重要的3件事。

另一个角度来看，这3句话也可以作为创始人工作精力分配的指南（见图1-2）。

（1）在搞清楚发展方向之前，应该花时间找路。

（2）想清楚了大方向甚至很多细节之后，就应该花时间挖人。

（3）有了人，就应该和团队一起先找到钱，再一轮轮循环滚动发展。

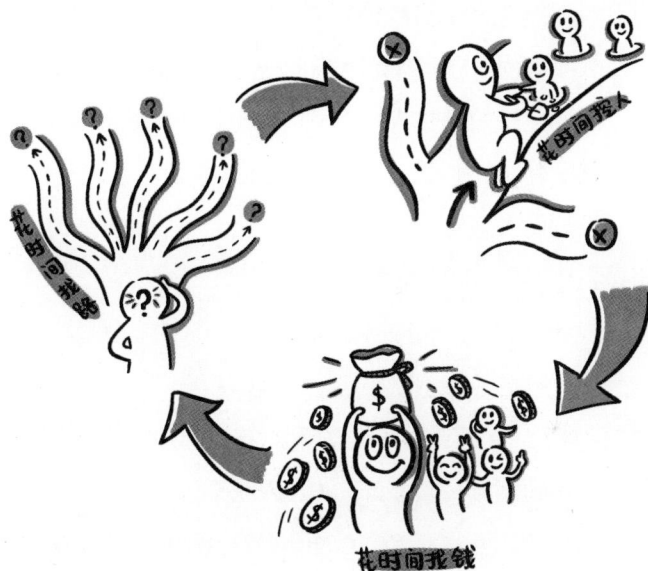

图1-2　创始人工作精力分配指南

所以，有的文章说创始人应该把至少70%的精力放在找人上面，也有的文章说创始人应该花一半的精力做战略规划，还有的文章说创始人应该去找钱，我认为这些都对，每个团队的情况不一样，所处阶段不同，创始人的工作侧重点就应该不同。

2013年，我看清楚在线教育大有可为，马上明确了我们的打法。其实说起来也很简单，也不怕剧透，就是下面的3句话。

（1）**公司发展战略：先做个人品牌，再做团队品牌，最后做公司品牌。**

（2）公司产品战略：先做单品爆款，再做系列化卡位，然后延伸出更多课程。

（3）公司运营战略：先做好产品，再做好推广，然后做好服务，依次循环提高，构建教学服务体系，而不是只关注内容设计。

这个大方向一明确，我们后面的工作就是执行，执行需要人才，养人需要钱。我刚刚创业时，有一点个人影响力，所以不缺流量，缺的是能够交付给消费者的产品。所以我的工作是找人搭建团队，快速而低成本地把产品做出来。我当时合作开发课程的团队其实是一种兼职网络合作的状态，大家把课程做好了交给我运营就好，有了收入，我就给大家分钱。

我发现很多个人品牌创业者一开始就陷入一个死循环。如果要把他想做的事情做起来，需要一个团队；如果要养一个团队，就需要一大笔启动资金。没钱不能请人，不能请人就没有办法赚钱，这个矛盾很难破解。

这就意味着，计划做大个人品牌之前，先得找到一个商业模式，发现一个市场，确保自己可以生存下来，再考虑逐步做大。

只有确定自己找到了市场，而且拥有在这个市场上的竞争力，回报也符合预期，才有可能找到、说服志同道合的人加入创业团队。

很多人总是担心自己现在不做就错过红利，这是一种短期心态。长期有需求的市场并不会因为某种新潮流、某个新玩法过去就不存在，只不过新的传播模式给了我们弯道超车的机会，只要下定决心在一个领域深耕，总能在下一波潮流中抓住红利。

遗憾的是，很多人有了个人品牌的积累后，没去思考是否具备做大的可能，是否值得持续深耕，反而是看到新的风口、新的潮流，就轻率地把自己的个人标签换成一个更时髦的说法，带着一群"铁粉"去赶新的潮流。看起来跑得很快，但用不了3年，绝大部分人会因为缺乏扎实的基本盘，而不能持续带来新的"粉丝"流量，等"铁粉"的新鲜感过去，他们就变成昙花一现的人物。

思考时刻

我想问问各位创始人：关于这3件事，你们思考的重点在哪里？通过对这个问题的回答，大概就能看出你的公司目前处于哪个发展阶段了。

也希望学完这一课后，每一位创始人都能问自己这3个问题：

（1）我需要从创业中得到什么？

（2）我需要选择一个怎样的行业切入？

（3）如何让我的公司成为持续经营的公司？

1.1.4　要下定决心带着团队把事业做大

我已经做了3个创业项目，肯定还会有第四个、第五个、第六个，我现在已经围绕职场新人的职场技能学习打造了新媒体矩阵、图书矩阵、网课矩阵、训练营矩阵、线下课矩阵、高端社群、社群电商等一系列项目，每个项目都在努力做大，整体上形成一个聚焦于"打造职场技能学习方案"的教育供应链。

为什么我要不断发展新项目？

道理很简单，我要接受人性的挑战。

怎样理解这句话？

找到一个好员工不容易，把好员工培养出来更不容易；培养出来的好员工，如果你不给他独当一面做事的机会，他就会觉得缺乏成长空间，要离开。从外面挖一个优秀的人也不容易，一样得给他独立做事的空间。所以，趁着公司业务还处于良性发展阶段，不需要我太操心现金流的时候，我就得腾出手为现在还在业务岗、未来可能会成为管理者的员工提前做好铺垫，不能等他们提出要求了，才发现手里没有资源去留人。

公司有了各种可能性，就需要更能干的人才，这对员工也是一个激励，内部培养的优秀员工肯定会被优先考虑授予重任。

你不给优秀员工重任，他的收入增长就会被工资锁死。我们都知道，工资很难无限制增加，除非你承担更大的责任，让你的收入和公司业绩挂钩。

对于我来说，我宁可多花时间给员工创造成长的空间，让员工意识到如何通过自己的努力赚到钱，如何一起把公司做大。公司真做大到某个程度，业务也就规范了，此时也不是不能考虑融资甚至上市，给投资人合理的回报。

但我看到，在现在的创业圈里，有太多人花太多时间去见投资人，听投资人的建议，想办法拿到了投资人的钱才去做事。实际上大部分项目只是需要一笔不多的启动资金，我始终觉得，如果这点钱都需要投资人支持，只能说明自己的积累很弱，在创业过程中掉队的概率很大。

从管理的角度，我认为把时间花在自己的员工、自己的客户身上，比花在投资人身上更划算。和我一起工作过的人都知道，我极少见投资人，但几乎每天都会花很多时间同团队成员做具体业务的沟通和交流。

要打造一个靠谱的公司，关键是找到一群普通人在一起持续做有回报的工作。

这句话中有两个关键点。第一个关键点是持续做有回报的工作。很多工作做了并没有回报，或者回报很低，或者回报周期太长，创始人要对这一点非常警醒。

不能很快得到回报的工作，长久来看得不到回报的概率更大，没有那么多投资人愿意为这样的创业项目烧钱。

我个人觉得，没有走通现金流模式的项目，大部分不是创始人高估了自己，就是高估了市场，这是巨坑。

第二个关键点是大家都认为人才难得，但是创业小公司很难找到非常能干的人才，能干的人才更可能选择去大公司或者自己创业，所以小公司更现实的路径是带着一帮普通人创业，自己先高速成长，然后把团队成员都培养成人才。

"战场上出将才"，没有什么方式能比快速成长的事业更锻炼人的了。

我自己的体会是，把事业的盘子做大，给自己团队成长的机会非常重要，但这个人才筛选的过程也非常痛苦。很多跟着你奋斗的人，见识、格局、能力都不一定能跟上事业的发展，不一定能胜任你给他的挑战，不能承担更大的责任，导致团队成员和创始人之间产生冲突，最后离开。对这一点创始人必须做好心理准备，无论你怎样努力，这种局面总是会遇到。但是，一旦你的事业有了规模，反而就拥有了去市场寻找更优秀人才的可能。

人是创业团队最宝贵的资产。创业早期，创始人把更多的时间用于做业务、带团队，更快扩大公司规模，进而吸引更优秀的人才加入，这可能是更适合的发展模式。

把事业做大，必然会带来新的考验，跨越考验，是一片更广阔的天地。

1.1.5 成为整合资源能力最强的那个人

我的正式工作到今天依然是武汉工程大学副教授，依然要带课，依然要参加很多学校安排的活动。这些工作有时候会影响我的公司运营，甚至让我不得不做保守的决策。

很多人奇怪我为什么到今天都不辞职。大家不是都说，作为一个创业者，要全力以赴吗？你为什么不全力以赴？所以我就想请教大家一个问题：怎么理解创业者必须全力以赴？

我认为，总是悲情地说自己把时间都投入事业里的创业者是不值得同情的。

创业者需要做好资源管理，而不仅仅是个人和团队的时间管理。

什么是资源？除了你和团队的时间，人才、资金、场地、市场渠道、品牌、关键设备、社会关系、媒体资源、科研团队、外包伙伴等都是资源（见图1-3）。一个创业者的事业能否成功，关键看其管理资源能力的强弱，而不是单纯比在事业中投入时间的多少。再说了，哪一个成功的企业家对事业不是100%付出的呢？

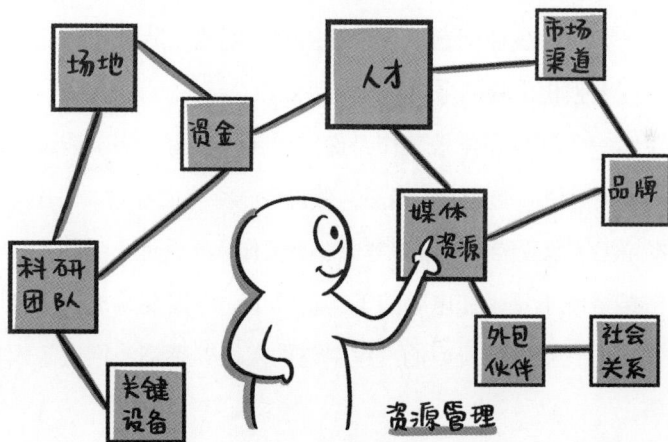

图 1-3　资源的组成

当领头人，除了看清路，还要有修路的能力。比如，创造公司发展需要的软环境，就不仅仅是投入时间可以搞定的，更重要的是找到核心资源。有时候花了很多时间，关注的却只是工作细节，就像每天盯着看路边的草有没有浇水，反而忽略了还没修好的路。

创始人怎么才能做好资源管理?

我的经验是，着力于关键资源，同时承担必需的成本。

到现在我的本职工作仍然是高校老师，需要承担教学任务，有一半的精力要放在学校里。我的公司有一项业务是大学生职业技能在线教育。因为工作的关系，我天天和大学生在一起，就容易了解今天大学生的心态、学习习惯、学习痛点，这对开发课程有极大的帮助。

另外，我还经常受邀在全国一些高校办讲座，最高纪录是一年内我举办了100场高校讲座。通过讲座，我看到不同层级的大学生对在线学习的需求，从而可以更加深入地思考大学生需要什么样的在线学习模式。

在学校我也积极响应国家号召，带领大学生们进行创新创业。最近5年我带的大学生团队在湖北省"互联网＋"大赛中拿到了7个金奖，在国家级的创青春大赛中也拿到了4个金奖。在参与大赛的过程中，很多大学生慢慢对在线教育事业产生认同，毕业后也成为在线教育领域的创业者，不但解决了自己的就业问题，还带动更多的师弟师妹加入公司一起成长。

因为解决了大学生就业问题，我带领的创新创业团队被《湖北日报》等官方媒体报道，客观上强化了我的个人品牌传播效果。

你发现了没有? 我保留学校工作身份，看起来没有办法全情投入创业，实际上却增强了链接关键资源的能力。当然，获得每一种能力都需要付出必要的成本。当我觉得成本超出了承受能力，就得考虑调整工作模式，而不是固守一个选择。

当然，链接资源不是坐在电脑前工作就够了，你需要参加各种会议、活动、展会、饭局、社群，在愉快玩耍的过程中与他人培养感情，增进了解，然后才有可能一起做事。

所以，我评估一个创始人的能力，不是看他在工作上投入多少时间，而是评估他调度资源的能力有多强。如果这个创始人投入时间不多，但是成果还不错，说明他调度资源能力强，就很值得交往。

拥有个人品牌，其实就拥有了非常难得的整合资源的起点优势，也相当于给自己储备好了创业助推剂。如果没有想明白怎样整合资源、形成合力，就很容易因为缺乏业务主心骨而被动响应、疲于奔命，最后透支精力，事业也很难有起色。

1.1.6 创业者必须有盲目的自信，创业者必须有冷静的自省

可能很多人不知道，我内心是一个很自信的人。如果不是有这点盲目的自信，估计创业这条路我早就放弃了。

创业者需要有一点盲目的自信。

在我创业的路上，很多人给我提过建议，对这些人我都很感激。这些建议里当然有好的，可绝大部分都是不怎么好的。

还有人说要倾听用户的建议。我觉得绝大部分用户的吐槽是真实的，要重视。但是我不太重视用户提出的解决方案，因为这些解决方案往往不那么合理。

用户看到你的模式、你的产品，提出建议和意见是正常的，他关心你才愿意花时间给你提建议。从这个角度来看，任何建议和批评都意味着的确有需要改进的地方，需要冷静自省。

但是很多用户没有真真切切在业务一线工作过，不清楚真正的问题是什么。他们往往只是看到了一个毛病，但提出了一个错误的解决办法。如果听了这些建议，毫无疑问你会死得更快。

所以创始人这一点盲目的自信，其实是有前提条件的——你对业务的理解和认识要远远超过一般人才行。就像我写书，写完了就告诉编辑："我交稿了，后面就交给你了。"因为我出过很多本书，非常清楚合格稿件的质量是什么，我知道我的稿件有没有达到基本要求。但是新手写书就容易问这个人有什么意见、那个人有什么意见，结果每个人的意见都不统一，他自己反而无所适从。

如果你确信自己比别人更了解业务，更接近业务一线，那么就必须坚持自己独立的判断；就算错了，只要行动力够快，能够及时优化，也会有好的结果。这样一来，你对业务的感觉会越来越好，判断也会越来越准。不管做什么事情都要先问一圈"你觉得怎么样"的人创业，往往会贻误战机。

虽然我很自信，但我也是用了很长时间才真正理解这个世界是一个概率游戏。

你做的每一种选择，从概率上说都有好有坏，有的选择成功概率会高一点，有的选择成功概率会低一点，不管你怎么选择，最后的结果都有可能不尽如人意。

明白这个道理之后，我认为创始人应该多从这3个方面来做自我反思：

（1）别人的路走得再顺，也不一定适合你；

（2）自己选的路再好，不努力也可能输得一败涂地；

（3）已经选的路，与其懊悔，不如想想怎样可以争取到最好的结局。

1.2
做一个超人老板，还是做一群人的老板

个人品牌IP营里有个新朋友问我："为什么你看起来每天都很忙？有些老板带团队也没见着像大叔你这样辛苦，这是为什么？"

作为一个先打造了个人品牌的创业者，常让人感觉是超人，其实我的能力和格局短板非常明显，只是被个人品牌的光环掩盖了。

的确，我的单兵作战能力特别强，我一个人要做事，可以从头做到尾，没有别人帮我也能排除万难搞定，甚至比别人一个团队都强。所以我做训练营，可以一个人完成产品策划、招生文案、转化答疑、售后运营。这就带来一个问题——团队成员过于依赖我的个人能力，而没有意识到这应该是团队的工作任务，应该由团队去想办法解决。

在早期，我也确实享受这种能干的感觉，加上不放心别人的工作质量，凡事亲力亲为，结果就是操心的命，累死老板、闲死员工。

我的格局短板是什么呢？

第一，我不擅长用人。我一个人特别能干的原因，是从小就特别怕麻烦别人。带来的弊端就是我不会用人，习惯带服从性好的人，而不是比我能干的人。

第二，我不擅长管人。我当老师的习惯是循循善诱，一次不行，再给机会试第二次，员工犯了错，也是好好说话慢慢引导，希望当个好人。但商场如战场，

最终靠业绩说话。战场上，是狼人更容易赢，还是好人更容易生存？显然是有头脑的狼人更容易赢。

第三，我不喜欢链接。我居然不喜欢链接？明明我在群里是一个非常活跃的人啊！其实我更喜欢自己一个人安静地待着。因为我听力不好，别人说话我有时候听不清，所以宁可一个人待着，省得被人烦；或者一个人把事情做完，省得问很多人。

我在创业早期，就是想赚点风口上的快钱，结果一步步被时代的浪潮带到今天。大概在2018年，我意识到自己必须要做好准备成为一名真正的创业者，要补齐自己的短板。这个时候我就发现，因为是个人IP起步，我忽略了管理机制和组织建设，导致我的团队在结构上出现了巨大漏洞：一个老大，带着一群缺乏严格职场训练的青年近卫军去打仗。必须要说，在在线教育这个竞争激烈的赛道上，我很为这群年轻人骄傲，他们的确和我一起创造了今天的成绩。但这也带来一个很现实的问题：我们的组织能力和管理能力成了限制企业发展最大的瓶颈。

所以现在我经常说，就算做个人品牌，也要早点考虑搭建团队，建立团队作战的流程和标准化管理机制。团队可以全职搭配兼职，不能为了省钱什么都自己做，把自己累死。只请兼职也不行，人员都不稳定，业务更没法稳定，最后只能是一直低水平重复。

从2018年开始到现在，在团队里培养出合格的中层管理者，并让他们具备培养基层骨干的管理能力，就成为我的挑战。

培养人真的很难，我也更忙了。没关系，我做好准备了，我是创始人，我不怕。

有人会问："如果我管理能力强，会带队伍，也愿意管人用人，是不是就可以不这么忙了？"

不，还是很难轻松下来。

为什么？

因为打造个人IP这条路，就意味着需要高频次、高强度的曝光，即便有团队在幕后协助，大众也还是想和你本人建立联系、产生链接。

李佳琦的IP影响力这么大了，他能不直播吗？不能。

薇娅现在是头部了，她可以只培养新人、自己不做了吗？不可以。

除非我能孵化出一个供应链，能够源源不断培养出事业需要的新IP，这样才可能变得从容一点儿。

在企业初创期，创始人必须是超人，很多事情需要亲力亲为、身先士卒，建立对业务、对市场的敏感度，通过深入参与业务来实现经营目标。但随着企业的发展，创始人的角色也相应有调整，需要从业务能手转变为管理高手，通过驱动团队成员来实现经营目标。

这个转变的过程并不轻松，但却是创始人需要面对的一大挑战。好消息是，跨越这道坎儿，就意味着企业进入了全新的阶段——能够靠组织能力而非个人能力赢得竞争。

1.3 能"活"下来的创业者的关键能力

1.3.1 你该如何评估一个市场是否有钱赚

能"活"下来的创业者，一定是先找到离钱最近的路，而不是离梦想最近的路。

只"烧钱"的梦想是空想，先"烧钱"再赚钱的梦想才是真梦想。

创业是为了找到赚钱的模式，不是比烧钱的能力。

很多创业者对自己进入的市场很有信心，觉得有钱赚。一问他们为什么有信心，就回答说："直觉。"但是他们忘了，直觉有时候也靠不住，还需要借助一些市场评估模型去验证。

我有时候做决断很快，但这并不全是依赖直觉，而是快速调用了大脑里的评估方法，得让决断在逻辑上讲得通才行。当你把一些方法和框架用熟练了，决策速度就会越来越快。在别人看来是冲动性决策，其实你是把大脑改造成了超级电脑。

我做市场分析都基于一个前提——所从事的方向符合宏观政策的走向。没有这个前提，所有的狂热都是在制造泡沫。为什么这几年突然某个行业大热，某个公司股票大热，某些赛道风投打破头都要挤进来？这都和宏观政策引导有关，不看宏观政策导向就去做长期投资是最大的风险。

在不确定性时代，看得准路是稀缺能力。

如果符合宏观政策支持的方向，我通常从三大维度去考察一个市场是否有钱赚（见图1-4）。

（1）**市场规模：**包括用户基数、消费频率、支付单价。

（2）**竞争对手：**很多人会评估直接对手，却忽略了替代型对手。

（3）**成本结构：**这是被大部分人忽略的调研内容。

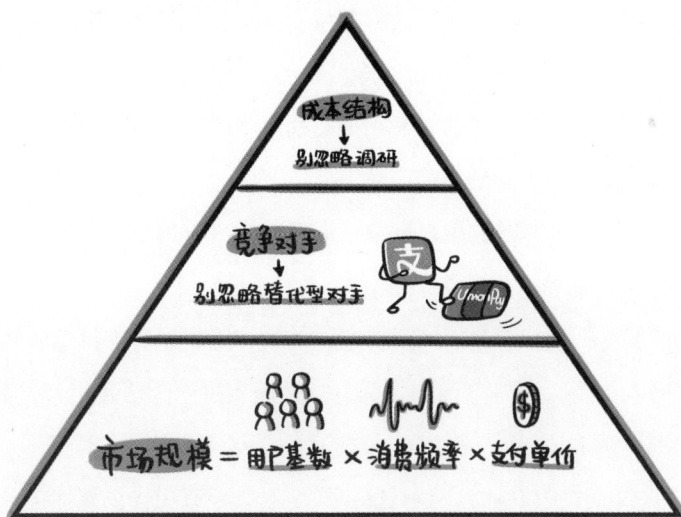

图 1-4　判断市场 "钱途" 的三大维度

对不同的行业，考察"钱途"的模式也不完全一样。比如，同一个生意，互联网企业和传统企业思考的角度应该有所不同。

首先看市场规模。如果一个市场的规模太小，根本就没有钱赚，是不值得进入的，这个道理大家都懂。但是，如果一个市场的规模很大，有很多钱赚，其实也是不值得进入的。

为什么？有钱赚的大市场，竞争对手多，竞争也激烈，你不可能总是第一个看到该市场的人吧？就算你是第一个看到的人，投入周期会很长，你很可能成了启蒙市场的人，而不是收割市场的人。

判断市场有没有钱赚，其实是判断在现阶段的这个市场，你有没有能力赚到想要的钱。

一般来说，用户基数大、消费频率高、支付单价高的市场是最优选择，但实际上大部分市场很难3项条件都满足，最多取其中两项最优。比如高端餐厅支付单价高，但消费频率低，能消费得起的用户群少，餐厅再有名也很难做成麦当劳的规模。互联网游戏用户基数大，消费频率高，但收费单价门槛就不能太高，反正大家愿意高频消费，有钱消费就好。当然，对于一些"土豪"用户，也可以设计"土豪"玩法满足他们的需要。

很多人打算自己做一个App，这就非常有必要用这个模型思考一下。如果用户基数不到千万，没有行政力量的支持，就没必要去做App。因为要从14亿人口中找准这1000万人，推广成本会高得吓人。如果用户使用频率很低，一年就用一两次，也不值得做，做个微信小程序就够了。

市场规模=用户基数×消费频率×支付单价

估算市场规模的时候，很多人会犯3个错误。

第一个错误：把用户基数等同于有需求的人，而不是有支付意愿的人。

有需求的人很多，但是一说到付费，特别是支付一大笔费用，人数就会被腰斩。从免费到付费需要先建立信任，从便宜到贵更需要建立强信任关系，建立信任需要通过消费流程的设计，从营销到服务各个环节引导消费者，逐步积累口碑，从而撬动更大的市场，不可能一蹴而就。

如果简单地把有需求的人当作潜在用户，就会大大高估市场。比如，全国有750万应届大学毕业生，只要1%的人跟你学PPT，就是7.5万人，如果一个人花费200元来学习PPT，你面对的市场就是1500万元；如果有10%的人跟你学，这就是

1.5亿元的市场。

这种算法简直是胡闹。750万大学生里，有500万人可能是不爱学习的，剩下的250万人顶多有50万人愿意付费学习，这50万人中若我能影响10%，才是5万人；1人花费200元，才能有1000万元产值，远远不能成为一个大行业。所以，还得将基本盘扩大到职场人才行。数据也证明，是职场人支撑了我们70%以上的营业额，但整个市场也不够大。

当然，我们很喜欢这一点，因为市场不大就意味着短期内不会有什么巨头进入，我们没有把握击败巨头，但是对付普通团队还是自信满满的。能拿下这个市场，就拥有进入更大市场的团队能力和现金流，这点很重要。

第二个错误：估算消费频率时，把试错型消费者等同于长期潜在消费者。

比如，学习是一款消费频率很低的产品，不像吃饭，今天吃了火锅，明天还是会吃火锅之外的东西，反正人每天都要吃3顿饭。

但不管是书还是网课，一段时间内购买过度，都会导致消费抑制，需要很长一段时间才能消化，才能堆积新的消费欲望。

前两年内容创业赛道很繁荣，各个平台销售了大量课程。好处是为未来培养了大量潜在用户，但是从短期来说，是培养了大量试错型消费者。很多人买了课程后根本没有看，这个消费体验会抑制他们继续消费的冲动，直到过了很长时间（大概需要18个月），才能积累起下一波消费欲望。

等新的消费欲望积累起来了，这个市场才会逐步回升到健康上升通道。计算明白这一点，可以帮助我们预测自己的资金支撑周期。

第三个错误：估算消费单价时，把当下消费单价等同于未来的潜在消费单价。

一般来说，工业品消费单价总体趋势是越来越低；服务业消费单价总体趋势是越来越高；农业品消费单价的影响因素很多，但肯定需要看天吃饭。

我现在做的事业全部是服务业，即便做电商，我也努力做好销售服务——还是服务业。只要提升客户体验，价格总是可以涨的，在成本控制上我们会有比较大的空间。

理解这一点后，大家可以仔细思考一下，你的市场规模到底有多大。

如果市场规模很不错，请务必记住：你绝不是第一个发现市场的人。先想想对手在哪里，或者他们为什么"死"了。

很多创业者兴奋地告诉我，说他发现了一个市场，缺乏竞争对手。这是一个非常危险的信号，这说明你对市场的研究非常不深入。特别是中国这样一个充满商机的人口大国，有什么市场缝隙会一直留给你去发现？古人都知道"富贵险中求"，没有对手，只能说这件事情有潜在的、不那么容易看到的风险，你不过是又一个不怕死的人。事实上，一个市场中存在"活"下来的对手是一个好信号，因为你只需要证明你的商业模式比对手更好、商业执行力比对手更强、商业资金比对手更宽裕，你就有大概率胜出。

所以，要认真调研市场中到底有没有对手。但很多人调研对手时会犯的错误是忽略行业替代型对手。

银联卡没有想到打败自己的不是万事达，而是支付宝和微信支付；ATM行业也没有想到最终取代自己的不是更好的ATM，而是无现金消费习惯的形成。

很多线下教育机构迟早会意识到，同城对手不可怕，可怕的是那些在网上形成品牌号召力的同类机构，甚至是不同类的机构。等它们选择"杀入"的时候，你只能缴械投降。

创业者在寻找行业替代型对手的时候，不妨问自己3个问题：

（1）如果阿里、腾讯、字节跳动、美团、快手这样的互联网巨头进入了你所在的行业，你会怎样应对？

（2）如果你所在的行业全部实现了人工智能，你会怎样应对？

（3）如果你所在的行业全部实现了英式管家服务，你会怎样应对？

如果这3个答案你都有自己的看法，明白自己的核心竞争优势在哪里，你应对市场就能更从容。

如果你觉得市场规模合适，竞争对手不可怕，那么完成市场调研的最后一步是了解同行的成本结构。

为什么有经验的创业者容易成功？因为他们在一个行业混迹多年，对市场规模、竞争对手、成本结构了如指掌，打别人软肋一打一个准。我们做一门网课，会非常仔细地按照业务流分解成本结构，如研发成本是多少，升级成本是多少，日常运营成本是多少，服务成本是多少，渠道推广成本是多少，平台分成成本是多少，公司税负成本是多少，各种关系的维系成本是多少。一样一样地分解清楚，然后和同行去做比对，看看哪里我们可以优化，哪里只能增加投入以换取其他竞争优势。不去比对同行成本结构而谈管理改善，这是自欺欺人。企业的竞争就是效率的竞争，高效率最终体现在你的总体成本结构更优上。

很多新手创业者只看市场，不看成本，迟早要吃大亏。

1.3.2　如何评估一个市场是否适合你进入

发现了市场机会，是不是要马上进入呢？

当然不是，除非你确信你在这个市场中能逐步构建起竞争壁垒。

在2018年年初我选择做图书赛道的时候就明白，做单本图书，不大卖根本赚不到钱，而能不能大卖要拼运气。但是，我们完全有可能做出一批腰部图书，有长期的需求、稳定的销量，一本书赚不到多少钱，围绕几个主题出系列书，持续升级，占满一个品类的赛道，靠数量带来的"规模效应"还是可以赚一点小钱的。更重要的是，借助图书的持续销售，可以为后端在线课程带来新的付费学员流量。

何况，出书需要很长时间的积累，不是一个拼速度的事情，如果我们能提前几年布局，慢慢把图书矩阵的品牌建设起来，后来者就是大量砸钱，短时间也很难追赶上。

想明白之后，我就开始投入做图书矩阵，一年不行就两年，两年不够就三年。现在我们几个系列的图书在市场上已经有了好的口碑，初步形成了竞争壁垒。

构建了竞争壁垒，就是建立了企业的核心竞争力。

我一直在思考：什么是企业的核心竞争力？结论是，单一优势很难成为核心竞争力，鸡蛋都放在一个篮子里，抗风险能力太弱。核心竞争力应该是企业多个优势的组合，只不过不同的市场，构建优势组合的模式不一样。比如我做图书，光能写书是远远不够的，还得有后端的网课、训练营等系列产品的开发能力、运营能力，才能把图书的引流价值最大化，获得更高的回报。可能有人出书速度会超过我，但是整体回报上不如我，那就不太可能对我形成竞争。

前几年很流行一句话，叫"轻公司、轻模式"。意思是一家公司重资产越少越好，越互联网化越好。这个说法对不对？对，但这针对的是新兴的增量市场。增量和存量是相对于公司已有的客户群来讲的，现有客户可以称为存量客户，通过公司的市场行为把潜在客户转换为付费客户，就是获得了增量。面对增量市场，一般打法是通过营销和销售手段快速获取客户，形成竞争优势，经营目标体现在市场份额的增加上。这个时候，公司越轻装上阵，跑得就越快。

而存量市场的一般打法，是深挖现有客户价值，通过提供更好的客户服务、更多元化的产品，提高客户的忠诚度和购买频次，从而创造更多的增值空间。

知识付费领域的得到App创始人罗振宇说过一句话："品牌不光要关心自己有多少用户，更要关心有多少'超级用户'，也就是愿意为品牌付费的用户。"关心超级用户的本质就是发掘优质老用户，只有服务好老用户，才能培养出认同品牌的超级用户，进而通过超级用户的能量辐射新用户。当市场已经相对饱和、增速减缓的时候，围绕超级用户做功课，其收益会远大于拓展新用户。

关于这一点，大家最熟悉的例子就是银行。银行是一个存量市场，竞争已进入"红海"阶段，所以银行一直很重视存量客户、特别是VIP客户的关系维护。而保险行业恰恰相反，它是一个增量市场，有充分的竞争空间，仍处于"蓝海"阶段。

在增量市场中竞争，企业比拼的是以下4项优势的组合：①速度优势；②资金优势；③创意优势；④团队优势。

谁跑得快，资金拿得多，谁就能挤占对手的生存空间。

团队给力，创意给力，资金充足，发展速度自然就快，就更容易赢得资本的青睐和加持，这就是为什么在平台型市场上大家都认可头部玩家，因为他们赢得了先发优势。

进入存量市场阶段后，能"活"下来的企业肯定各自都有拿手好戏。这个时候比拼发展速度的意义不大，因为市场份额已经初步划分完毕，运营能力和组织能力才是决胜的法宝。

在存量市场中竞争，企业比拼的优势组合就变成了以下几个：①规模优势；②渠道优势；③品牌优势；④组织优势（见图1-5）。

图 1-5　不同市场阶段的优势

在存量市场中，企业的客户规模通常趋于稳定，可以通过运营手段提高客户满意度，延长客户生命周期，进而提高品牌忠诚度，让品牌成为创造客户自我认同感的标杆，从而一点点挤占竞争对手的市场份额。

待到市场外部竞争格局有了巨大的变化，比如行业政策发生变化或者新材料、新技术出现，才会带来新的增量市场，出现新的洗牌机会。

比如手机行业。在按键机时代，诺基亚形成了巨大的规模优势、渠道优势、品牌优势、组织优势，一度被认为不可战胜。但是，智能机出现后，诺基亚的这些优势反而成为巨大的劣势，原有市场的利益相关方很难说断就断，对市场变化的敏锐度也大大降低。而新兴的苹果、小米等企业，没有经历过按键机时代，非常干脆地抛弃了原有的供应链，直接打造全新的智能机供应链，更好地把握了智能手机的市场机遇，成功将旧市场的老大挑落马下。

这也就是所谓"颠覆式创新"能红极一时的市场基础，即依靠爆品打开市场，快速获得种子用户，创造口碑，为下一阶段的竞争打好基础。因此，小米提出的"专注、极致、口碑、快"的打法风靡一时，线上营销的声量一度胜过线下渠道。

近两年，智能手机进入存量市场竞争阶段，几乎每家企业都走到线下，开始建设旗舰店，以进一步提升品牌、渠道和规模优势。在这个阶段，竞争日趋激烈，企业靠价格或者某种特色功能的单一优势很难保持长久的领先地位，必须构建优势组合，在品牌管理、供应链管理、团队管理等各个环节进行全方位比拼，运营成本也会越来越重。就连以"轻"闻名的小米公司也开始强调供应链整合，强调线上线下渠道并举，强调明星代言的品牌推广。如此看来，小米公司不再是一家电商公司，更像一家传统手机企业。与此同时，"参与感"也不再是小米公司对外宣传的关键词，雷军在2018年新年谈话里大谈的是"技术创新、构建"，谈"积小胜成大胜"，因为各大门派已基本完成圈地运动，速胜很难，持久战才是现实。

德鲁克提出企业的经营目标是"留住老客户，发展新客户"，其实就是存量市场和增量市场都要照顾。我认为互联网＋传统企业的改造会迅速完成，未来企业在存量市场的经营将变得更加重要。

罗振宇在2017年跨年演讲中提出要有"超级用户"思维，就是意识到知识付费用户的高速增长期已经结束，与其投入大量资源开拓新用户，不如服务好优质客户，将优质客户培养成"超级用户"，使之成为自己品牌的自发代言人，这反而是更有效率的打法。当然，这对新入行的创业者并不是一个好信号，说明获取新用户的运营成本大增，市场格局在改变。

现在很多人做微商，我发现一些做电商的人看不起微商。为什么呢？无非是微商还处于千方百计抢市场规模的阶段，为了快速吸引用户，就算没有赚多少钱也要高喊"我赚到了"给自己造势，这种打法在电商人眼里很不入流。

实际上，电商已完成了供应链整合，是一个非常成熟的行业，进入了高壁垒竞争的市场僵持期，很多人是闷声发财。就好比电商现在是正规军的打法，有自己的一套游戏规则，而微商是农民军、游击队，没有谁比谁的打法更好，只是不同发展阶段的不同选择而已。

但请记住：**无论在增量市场还是在存量市场，更擅长节约成本的团队活下来的概率会更大。**

1.3.3 进入一个市场通常有哪些策略

理解了增量市场和存量市场的区别，也就理解了不同市场打法的区别。盲目学习别人的套路，可能是一场悲剧。我们经常会看到这样的调侃性话语：你必须打造出一款畅销产品，这关乎公司未来能否持续发展，而且别指望巨额市场营销预算，没有媒体公关费，也没有奢华的产品发布会。还有一件事，你不能采取低价策略，否则没有利润空间。

这让人没法做啊！但是还是有人做出了靠低投入扩张市场的事情，说明他们在存量市场中抓住了新的增量市场的红利。

在中国，因为消费升级，涌现出大量的机会红利。越来越多的消费者更加注重产品的品质和体验。在这样的增量市场，需要用产品经理的思维，用好的产品征服最挑剔的用户，在小而美的市场树立口碑，培养铁杆"粉丝"，再借助社群的力量征服更大的市场，打破现有的市场格局，实现逆袭。

此时，创始人要思考的是为什么有的产品更贵，却更成功？创始人需要做的是找到能征服用户的产品经理。

产品经理可以说是新时代的工匠。好的工匠能制造出独一无二的产品，拥有对市场的定价权，拿下更高的利润。

打磨出好产品当然不容易，产品的进化速度也不可能一飞冲天，更有可能是螺旋式上升。当竞争对手奋力追赶，并用自己的独有优势也拿下一定的市场份额时，市场就进入存量运营阶段。

这个时候要撬开市场就必须避开正面竞争，找到更有潜力的细分领域。此时，定位理论就大有用武之地。通过对细分领域的精准定位，打造占领用户心智的品牌，再逐步扩张，以获得更高的市场地位。

拿下细分市场其实竞争更为残酷，最粗暴的策略就是价格战——用让利撬开市场。

让利总是能提高一部分消费者对品牌的认知度，之后再通过精细化运营慢慢引导付费用户消费高利润的产品，从而实现总体收益最大化。但价格战并不适合缺乏资金的初创者，盲目投入未必有机会看到明天的太阳。

对于实力雄厚的企业，还可以用更费钱的策略，即广告战——用高曝光率撬开市场。投入广告是在大众市场做品牌辐射，长期的品牌辐射就能带动销售。比如，今天很多App，不管是得到、喜马拉雅还是抖音，纷纷冠名电视节目、综艺节目，追求深度植入，目的是提升关注度和下载量，以从竞品中脱颖而出。

在冷启动过后，用热曝光砸开市场，这种打法很费钱，初创企业往往难以承受。今天的社交媒体为一部分善于打造个人品牌的创始人创造了新的可能——先让自己成为"网红"，再利用"网红"的品牌力带货，从而为企业节约大量的广告成本，也缓解了竞争压力下获取新流量的压力。这就是为什么越来越多的创始人想打造个人品牌。

当市场竞争进入寡头阶段，最聪明的策略就是渠道战，和优势渠道结成利益同盟，用商业生态链撬开市场，再细分市场形成垄断格局。

小米生态链谷仓爆品学院创始人洪华在2018年年初的演讲中提出：一个产品能不能爆，除了产品本身品质之外，决定因素还有很多。这拼的是企业的综合实力。决策者要有好眼光，能选对产品方向，还能沉下心来，耐得住寂寞，打磨好产品；研发要给力，ID要给力，供应链也要给力，每个环节都要到位；还要有好的渠道和海量用户积累。这些因素叠加在一起，然后加上点好运气，才能出爆品。米家空气净化器、小米手环、小米移动电源、米家扫地机器人之所以能成为爆品，除了团队本身的努力和能力之外，小米七八年积累的用户、渠道、供应链资源、经验教训也是不可或缺的因素。这一切完全是厚积薄发。

但小米刚刚打市场的时候，没有今天这样完善的研发体系，没有好的线下渠道，没有海量用户积累，不也打开了市场吗？

这就说明，在不同的市场、不同的企业阶段，打开市场应该有不同的策略模式。当然，任何市场策略都是组合拳，组合得是否成功，考验的是经营者的智慧。

1.4
课堂复盘讨论：路径规划三问

在第一堂课中，我想提醒大家重点看这几句话：

在选择过剩的时代，看清路是最值钱的能力。

作为一个创始人，你不应该问："这个领域我去做行不行？"而应该问自己："我如何判断这个领域是否适合我？"

这就是我所说的，在任何情况下都保持冷静的思考，是创始人应具备的基本素质。

这本书就是要帮助创始人把思维模式从问问题升级到找答案。那么，怎样找答案呢？请大家仔细思考这句话：**在同一赛道上，同行之间天然的竞争性阻碍了彼此合作的开展，跨赛道联合才能形成更大的生态圈。**

对于这个问题，我还想送大家一句话：**用一个行业的经验，借一个行业的势能，再进入一个上升的行业，打造一个靠谱的公司，这就是创始人应该面对的挑战。**

有学员问我："我做舞蹈培训，招生遇到困境。秋叶老师，你对于舞蹈培训变现的方式有什么建议呀？"

现在我用前面那句话来分析这个问题。

用一个行业的经验——你有舞蹈培训的经验。

借一个行业的势能——会跳舞、爱跳舞的人今天有了特别容易秀的平台，比如抖音。

进入一个上升的行业——我不仅让你们学会跳舞，还能让你们成为跳舞抖音小达人。

这就是一种跨界的思考模式。当然，这不代表答案就成立。但当你有大量的优质学员后，你们的视频就完全具备在抖音走红的可能性。

今天借助视频引流的例子太多了。面对一个上升平台，我们需要思考的是如何与平台链接。不用担心自己不会玩，关键是开始这样思考以后，你应该有意识地开始寻找符合要求的人一起合作。

当一个平台的竞争压力变大以后，我们还可以把视线投放在快手、视频号等不同的平台，看看哪里的资源整合起来更符合我们自己的能力。

希望大家记住，你看得见的对手，往往不一定是你真正的对手；真正的对手来自另外一个上升的行业，它正在默默积累势能。

我们用这种思路继续分析另一个学员的问题："作为'金币减重法'的创始人，我能帮助大家按建议搭配每天的饮食并瘦下来，但这个方法的困难之处是普通人根本不知道自己今天摄入的热量是否超标。如果每顿饭都让营养师提供建议，服务成本很高。那么，如何让更多的人喜欢我的减肥方法呢？"

用一个行业的经验——你有金币减重的瘦身经验。

借一个行业的势能——人工智能行业的图像识别技术很快就能做到为每天的食物拍照，并测算出各种美食的热量。

进入一个上升的行业——做一个真正能够智能计算每天食物热量的社群打卡软件，打造减肥社群服务。

用这种思维去思考我们的商业，也许会收获很多不同的灵感。个人品牌IP营中的一位学员问我："做知识付费不过是节约导流客户的成本，做在线教育才是盈利的起点。这个路径我们是否可以复制？做法是用女性生活/育儿网课来吸引眼球，节约我们导流客户的成本，从而让电商成为我们现金流的起点。"

这就是今天所谓的内容电商——通过优质的内容吸引同类的人，然后推荐你的生活模式给他们，让他们自愿追随购买。

让我们再次用这句话去思考：

用一个行业的经验——你有哪个行业的经验？

借一个行业的势能——你准备借助哪个行业的上升势能？

进入一个上升的行业——去哪个行业你能发现新的机会？

第 2 章

选什么样的人一起创业才能成功

想法多的创始人要找到能帮你收敛想法、执行想法的合伙人。执行力强的创始人要找到有战略眼光、有路径规划能力的合伙人。

2.1
创始人要避免折腾公司

我发现创业公司的创始人总抱怨招不到得力的员工，而员工常常抱怨老板一天一个想法，让下面的人无所适从。其实我也经常陷入这样的困境，我这个人脑子转得快，经常一下子就想出第一、第二、第三和各种可能性，团队跟不上我的思路。如果非要他们按我的想法去天马行空地执行，那问题就大了。

已经打造出个人品牌的创始人，自己的单兵作战能力往往都很强，很可能一开始远远超过团队的平均能力。这时候他会很纠结：为什么我一个人做都能搞定，你们一群人忙都搞不完？

不过后来我明白了，创始人需要克制，要明白团队的成长需要时间，不要着急焦虑，反正着急焦虑也没用嘛。

创始人想法太多未必是好事情，容易让公司的经营变成创始人想法的试验田，不聚焦。

想明白之后，我加大了与团队沟通的频率，把一个想法落实成可以马上执行的打法，交给执行力强的人去落地。我把做事的战略方向和实施路线想清楚了，留给团队试错和探索的时间，不急着看到结果，更不能一件事没跑稳就马上冲到下一件事。

企业经营是一场资源有限的游戏，时间、钱、流量、人都是有限的，必须聚焦在更重要的事情上，释放创始人的生产力，而不是想象力。

由于我有了一些个人品牌影响力，公司的小伙伴有时候会盲目地信从我。然而，我未必清楚一线最真实的情况，做决策很可能也是拍脑袋。所以我很愿意让在一线做事的人、愿意承担责任的人去做决策。

我认为，创始人一旦选对人，就要大胆授权，在约定的边界里让团队成员放手做事，避免自己又做战略又管具体业务，否则不仅没有解放自己的精力，而且很难培养出得力的业务骨干。

当然，真正要做到用人不疑、疑人不用，还是很有挑战的。毕竟被提拔到管理岗位的人，如果不能真正胜任，创始人就不得不保持关注甚至干涉。有的人在业绩压力下会脱颖而出，成为将才，但也有可能扛不住压力产生挫败感，反而想逃避责任。但识人、用人，这本就是创始人要做的功课，只有在一次次的"我是不是又看错人"了的自我怀疑中，才能磨炼出一双慧眼。

无论如何，从创业的第一天起，我就希望我培养的团队成员超过我，而不是让我成为团队里面最厉害的人。在第1章中我提到，创始人的核心能力是调动资源的能力，人力资源就是企业发展最关键的资源之一。

创始人要证明事业能干成，而不是证明自己能干，别让自己成为事业发展的"天花板"。

2.2
创业到底要不要引入风投

我做的几家公司都是给运营核心的小伙伴股权，没有引入投资人，这和最近几年流行的拿项目去路演、去吸引投资人的风格不太一致。我的这个做法有好处也有弊端。好处是给团队成员股权，大家有一起做事的感觉；弊端是在创业初期你如果没有约定退出机制，合作一段时间后发现有股权的合伙人不合适、不胜任，谈分手的代价就很高。

如果去引入职业投资人，他们投钱之前反而会要求把涉及商业的问题都谈清楚，建立内部激励机制，也要建立外部退出机制。他们往往会要求你对业绩承诺，建立对赌机制。对于缺乏商业经验的新手，如果不是性格特别适合创业，还真是扛不住压力。而且很多你觉得赚钱的项目，在见过大场面的投资人眼里，并没有那么大的商业想象空间，想找到钱也很难。

有句话说"用自己的钱赚钱不是本事，用别人的钱赚钱才是本事"。这话也对也不对。如果你的经营水平到了巴菲特这个层面，大家会自愿把资金交给你管理，希望你帮着赚钱。如果你没有多次证明过赚钱的能力，却想着走捷径，靠别人的钱赚钱，这在经商的道路上非常危险。

99%的生意是做买卖，一方生产产品或提供服务，另一方来买，靠利润率赚钱。极少数生意是做平台，靠搭台子吸引大家来交易，赚取佣金。

做平台的生意必须引入外部投资，因为做平台的商业模式难度最大，既要说服一群甲方，又要吸引一群乙方，没有钱、没有资源积累做不起来。为了打造平台的公信力，前期需要大量的成本做推广，等到了一定规模才能找到盈利模式，像淘宝、京东、滴滴都是这样的公司。

做买卖的公司，搞定一个个客户，就可以进入赚钱模式，现金来得很快，很容易判断自己的公司能否赚钱，并不需要轻易给别人股权来换取运营资金。如果一开始就想通过出让股权换取运营资金，这往往说明创业者对进入的行业没有做好准备，缺乏积累，风险很大。的确有很多公司在创业之初是合伙分股权，但主要目的是解决人才激励问题，不单单是为了钱。

有一种做买卖的公司必须引入风投，那就是产品被看好的高科技研发型公司。这类公司的早期研发资金占比过高，有较高的经营风险，但正因为科技前沿领域很难预估成功与否，投资人反而必须提前下注，锁定未来的可能性。

如果没有风险投资的支持，马斯克是做不出特斯拉的。但是大家也要意识到一点：如果不是马斯克过去成功的经历加上愿意赌上自己身家的决心，也不会有那么多人支持他。

作为创始人，还得区分两种野心：你的公司是要上市还是要做隐形冠军？要上市就必须引入外部投资人，外部投资人给你的不仅仅是钱，还有眼界、格局和人脉，这些资源对上市也很重要。如果要引入外部投资人，创始人最好拥有绝对控股权（拥有的股权超过67%被称为绝对控股权）。考虑到上市前需要多轮融资稀释，创始人一开始可以占到90%以上的股份。

如果是想获得收入，在某个行业做隐形冠军，那么只要掌握关键资源，运营得当，不上市也能做成百年老店，可以依据对事业的贡献确定不同利益相关方的股权，闷声发大财，收益可能比上市更高。其实很多百年老店都不是上市公司，股东反而很开心。

简单地说，如果你是做平台生意，或是需要在研发上投入巨额经费，希望未来有一天公司能上市，那么你需要考虑引入风投，但不要在寻找投资人这件事上投入太多的精力。投资的逻辑是找有爆发力的项目，努力证明你的项目有前景，这样投资人自然就会找到你。

一旦引入风投，你就开始和命运赛跑。下一站的终点可能是某个股票市场的敲钟声，给你的周期大约是7年时间。但你听到的也有可能是失败的哭声。

对绝大部分做生意的公司来说，与其把股权卖给投资人，不如分给证明有能力帮助你的团队成员。

2.3
创业公司如何找到合适的合伙人

创业公司起步阶段需要全心投入，仅仅怀着员工心态是无法支撑创业期的工作要求和劳动强度的。所以，创业者不仅仅是要引入工作同伴，而且要引入能全身心投入的同伴，也就是所谓的合伙人。

选创业伙伴，最关键的原则之一，就是一定要找那些有创业思维的人。因为，创业和打工完全是两种截然不同的思维。

打工思维关注的是"我"能得到什么，创业思维关注的是"事"值不值得做。

如果找到的创业伙伴没有完成从打工者思维向创业者思维的转变，关注点放在工资多少、奖金怎么算等问题上，那么他更适合做员工而不是合作伙伴。

创业者是在未来不确定的收益和眼前确定的利益之间，选择了前者的那些人。

因此，找合伙人就是在找能跟你一起扛住不确定性的长期伴侣。第一，你们需要有共同愿景、有相似的价值观，这样才能长久过日子。第二，你们需要有很强的互信，更要能互相包容。两个完全不同的人，不可能没有摩擦，在核心利益没有冲突的前提下，难得糊涂也是一种高明的智慧。第三，招合伙人是给自己找帮手，互补胜过相似。

找对合伙人不是那么容易的事情，创始人既要向外看，从朋友圈里寻觅合伙人；也要向内看，有意识地从团队中发掘未来的事业合伙人。

在苹果公司创立前，沃兹在惠普公司工作，而乔布斯在雅利达公司工作。当时的乔布斯经常邀请沃兹参与雅利达的项目。一次，两人共同花费4天4夜，用45块芯片完成了《打砖块》游戏的设计与制作。乔布斯告诉沃兹，雅利达一共付给了他700美元，但实际上乔布斯所得到的要更多。乔布斯显然伤害了朋友，但沃兹却表示自己并未在意："我从来不会把《打砖块》的酬劳风波放在心上。你要接受人与人性格不同这个事实，在和乔布斯创立苹果公司之前，我就明白这一道理。"

乔布斯后来说服沃兹离开惠普公司，进入苹果公司工作。作为苹果公司早期重要的工程师，沃兹主导了Apple Ⅰ和Apple Ⅱ的设计与开发。

一个插曲是，沃兹在被乔布斯说服，要将他的技术变成电子企业的时候，沃兹的家人对他和乔布斯的关系心存疑虑，沃兹的父亲不明白："这个没做任何事的家伙凭什么和你五五分成？"直到1976年愚人节这一天，沃兹才最终在合作书上签字。

事实上，就个性而言，沃兹和乔布斯是完全不同的人。1980年年底，苹果公司上市前夕，沃兹发现苹果公司股权分配呈现一种怪异现象：在初创期进入公司的一些元老级员工手上没有股票，而那些后来者、新员工却有股票期权。这在沃兹看来极不公平，于是他发起了"沃兹计划"，将自己手中的苹果公司股票以极低的价格卖给这些同事，他们每人差不多分到了约100万美元的股票。最终，苹果公司的IPO首次公开募股（Initial Public Offering，IPO）极为成功，公司高层产生了4名亿万富翁和40名以上的百万富翁。沃兹的这一举动在乔布斯看来却是非常软弱的表现，就像是在贱卖苹果公司的股票，简直是背弃了公司。

"在很长的一段时间里，我和乔布斯都是非常要好的朋友。我们有着共同的理想，联手创立了苹果公司。但我们是很不一样的人，始终都是。"沃兹说。

现在我们都知道的是，在天才工程师沃兹的帮助下，乔布斯开创了伟大的苹果电脑事业。

案例讨论

乔布斯为什么要说服沃兹加入苹果公司？

沃兹为什么能容忍乔布斯的"阴暗面"并同意他拿到50%的股份？如果乔布斯是一个非常大度的人，你觉得他后来商业活动获得成功的概率会更大吗？这个案例对你选择创业合伙人有什么启发？

乔布斯和沃兹在个人价值观上并不是一类人，但是他们都相信"个人计算机将改变世界"这一愿景。没有这个共同的愿景，他们无法共建苹果公司（见图2-1）。

图 2-1 苹果公司的合作条件

我自己在创业过程中最大的教训，就是我和合伙人更多地从一起赚钱出发谈创业，很少去思考我们一起准备做一件怎样的事情，能不能一辈子就认认真真去做好这件事。我们缺乏共同的愿景。因此，在公司处于上升期、分钱多的时候，合伙人之间相安无事。等公司遇到困难了，大家对经营方向发生分歧，就很难互相妥协，只能有人选择离开。

如果一起做事只谈如何赚钱，就会把利益分配放在第一位；如果有共同的愿景，我们就更容易包容和妥协，一起为更好的未来努力，合伙的关系才能更坚定，公司才能走得更长久。

创业团队合伙人的工作能力和经历背景最好互补，但在创业初期，同一件事情由且只能由一个人来负责和拍板。比如，某个合伙人负责技术，那么所有与技术开发相关的工作决策都应该由这个人说了算，内部可以集体讨论，但对外发声只能有一个人。

在我们谈的苹果公司创业案例中，乔布斯就是早期负责对外洽谈业务的人，而主导苹果电脑技术路线的是沃兹。也正是因为沃兹在Apple Ⅱ电脑上坚持自己的技术路线，否定了乔布斯的建议，才有了Apple Ⅱ电脑的大获成功。

那么，什么时候开始寻找合伙人最合适呢？

我们看到，很多成功的创业者在决定创业时，身边已经聚齐了一个团队。不管是马云创立阿里巴巴还是雷军创立小米的时候，核心团队就已经到位了。当你有了创业的想法时，哪怕想得很粗浅，也可以启动合伙人"雷达"。

一件事要做对，关键是做事的人要找对。人找不对，想得再好的事情都对不了。而判断人是不是合适需要时间。合伙人需要更长的时间来相处、磨合甚至测试，由此才能知道彼此是不是能够成为长期的创业伴侣。

如果你在公司已经开起来了、业务跑起来了才去找合伙人，磨合的成本就会更高。就像一个从来没有谈过恋爱的人直接去相亲结婚一样，能否成功只能靠运气了。

如果你的项目考虑"组建团队"却一时找不到合适的搭档，我的建议是可以先做"团伙"，后建"团队"。

所谓"团伙"，其实就是项目制的临时性组织。大家先从做具体的项目开始，如果合作得不好，无论成败，待项目结束，"团伙"自动解散，两不相欠；如果合作得好，可以继续下一个项目。如果连续几个项目都感觉合作得不错，并且已经有了可持续盈利的模式和方向，那时再考虑形成一个创业团队。

合伙人不是"找来的"，而是"修来的"，你过去在学习和工作中的每一次努力都是在修这个缘分。如果你能给别人留下刻苦和靠谱的印象，你自然就会吸引到有类似特质的合伙人。

需要指出的是，在创业过程中，你还需要风险投资人、专家顾问等专业人士的帮助，也需要招聘员工。这些都可以按工作量支付酬劳，但只有认同创业目标、共担创业风险的人才能成为合伙人。

看到这里，相信你已经明白了怎么选择合伙人。但自己到底需要什么样的合伙人呢？这里推荐一个工具——企业价值链模型。

以服务业为例，它的价值链非常短，有人做产品，有人做流量，有人做服务，3个环节就能搞定服务业的全部关键工作。能力强的人甚至可以一个人把产品研发、引流、后端服务全做了。

当然，规模一扩大，一个人就完成不了这么多的工作，需要考虑分工了。

那么，你需要问问自己：产品、流量、服务这3个环节，是需要合伙人，还是招聘员工就够了？

（1）如果是自主品牌，那么产品研发能力很重要。如果你能力不够，就需要产品合伙人。

（2）如果是自营流量，那么有流量运营能力的媒体人很重要。如果你没有这种能力，就需要找一个合伙人。

（3）如果是销售服务，就需要一个商务经营能力很强的合伙人，他要能够独当一面。

理解了你所在的业务价值链模型，理解了你的核心竞争力在价值链的哪个环节，理解了你需要怎样的人帮你补足短板，也就明白了你需要什么样的合伙人。

很多人不知道怎么找合伙人，主要是因为搞不清自己到底适合做什么，自然也就搞不清需要什么样的合伙人了。

2.4 初创公司分配股权容易犯的错误

新手创业，很多事情没有经历过，缺乏底气，总想多拉几个能干的人一起干，以提高企业的存活概率，这是无可厚非的。但刚刚创业的公司缺钱，很难给出合理的现金回报，这时很多人很自然会想到出让股权。

希望大家记住一句话：**好公司，股权才是最贵的。**

小米公司曾经给过员工薪酬的选择权：只要现金工资；只要股票不要工资；或者是一部分现金工资、一部分股票。小米上市后，原来选择只要现金工资的人都后悔了。

很多创始人之所以愿意用股权换取别人的加盟，是因为他们没有创立过赚钱的公司。如果你有信心创立赚钱的公司，你一定愿意选择给别人钱而不是股权。

不是每个参与创业的人都可以做股东，乱分股权是导致公司倒闭的重要原因之一。也不要轻易许诺给创业员工股权，直接给钱就好。

其实，再好的股权设计也不如选对人品靠谱的合伙人。

成立公司时，新手创业者比较容易在股权分配上犯如下错误。

1. 盲目答应给员工或利益相关人送股权

创始员工不等于创业合伙人，让员工拿股权不一定能培养其主人翁意识，反而容易让缺乏阅历的员工心怀"我也是老板"的想法，从而增加了管理难度；等到公司真的做大了，员工要退出的时候，代价也很高。要激励员工，可以从本年度的利润中设置一定比例作为分红。

如果优秀的人才加盟，希望有公司股权，那么最好设定其业绩门槛，达到业绩指标才可以拿到相应比例的股权。

在实际操作中还有一种做法：承诺干股但不给真正的股份。干股是指假设这个人拥有这么多的股份，并按照相应的比例分取红利。干股的概念往往存在于民间，特别是私营企业中。私营企业的老板们在给予干股的时候，有的会签署一些协议，有的仅是口头承诺；但是无论哪种，持有干股的人基本上都不具有对公司的实际控制权。这种干股协议叫"分红协议"似乎更贴切。

2．没有计算清楚哪些贡献值得给股权

被给予公司股权的人，第一必须是对公司未来的发展不可或缺的人，第二必须是真正愿意将时间投入公司经营的人，两者缺一不可。

对公司的贡献，可以是在技术、管理、资本、房产、渠道、品牌、人脉等方面。那么，是不是每种贡献都值得给股权呢？

企业分为资金驱动型企业、资源驱动型企业、人力驱动型企业。如果一个企业的发展主要靠大量资金推动，那么股权肯定应该向资金投入方倾斜，但前提是资金的金额够大。

比如我做的企业是人力驱动型企业，所以我的股权是向能干的人倾斜，而不是向投资倾斜。我宁愿给一个能干的人股份，也不给想投钱入股的人股份。我认为，只有无法在市场上找到替代资源的贡献才值得给予股权。

3．创始人没有绝对控股权

很多天使投资人对创始人的建议是一定要在公司里占据大股东的地位，至少占有70%的股权，甚至是90%的股权。《中华人民共和国公司法》（以下简称《公司法》）规定，只有拥有2/3以上股权的股东支持，才能修改公司章程。也就是说，如果大股东的股份超过67%，就获得了对公司的绝对支配地位，这样的好处是有助于公司的行政决策按照大股东的意图执行，缺点就是公司的其他股东对大股东不科学的决策也缺乏约束力。

投资人考虑到后期投资的多轮变现，希望创始人拥有较高比例的股权，这样可以避免在引入后续投资的阶段创始人的股权被稀释，失去对公司的控制权。而很多优秀的公司之所以能够运营成功，很大程度上依赖于创始人的个人能力。

但在实际操作中，更多的股权是按发起人投入资金的比例和贡献来分配的。

有调查指出，企业股东持股分别为1/3、1/3、1/3的有28%；分别为50%、50%的有32%；分别为40%、30%、30%的有15%；分别为45%、27.5%、27.5%的有13%；发起人拥有绝对控制权，即控股占总比例超过67%的不到1%。

之所以出现这种情况，是因为如果创始人本人没有巨大的威望和影响力，与他一起全职创业的人就不愿意只拥有一个无足轻重的地位。

创业公司的股权设计需注意如下事项。

（1）创始人要想修改公司章程，获得对公司事务绝对的表决权，就必须拥有2/3以上的绝对控股地位。

（2）创始人若要拥有对大多数事项的最后表决权，需拥有50%以上的股份。

4．AB股：拥有多少股权 ≠ 拥有多少表决权

有时候股权分配很难做到一股独大。为了避免公司的股权分配过于平均，导致公司在最后决策时缺乏一锤定音的人，持股人可以约定同股不同权，这只需要在公司章程中进行明确约定，董事会一致同意即可。

AB股方案可以做到有的股份只享受分红权，不享受经营决策表决权。这样，创始人就可以保持自己在经营上的决策权，避免因为引入战略性投资而导致创始人被边缘化，毕竟更懂自己公司的还是创始人自己。所以，在股权设计上把分红权和决策权分开也是一种好设计。

5．拥有多少股权 ≠ 按多少比例分红

有的合伙人不明白，公司的纯利润并不能都拿来分红，而需要拿出一部分作为公司长远发展的现金储备。纯利润可以作为激励员工的资金、第二年的运营经费、战略性投资等。分红金额由董事会决定，董事会由大股东控制。

我2017年创立的一家公司在创业第一年的运营情况还不错，于是我做了3个重要的决策。

（1）在公司成立半年后，溢价50%赎回众筹股权。因为我相信好公司的股权会越来越值钱，所以我宁可拿出利润去赎回股权。而第一批投资我们的股东，半年有50%的回报，也很开心。

（2）我们留出了足以支撑10人运营团队2018年全年日常开支的费用，确保

公司在2018年业务转型期不会因为现金流中断而发生经营困难。

（3）我把剩余的利润全部投资了广西北海金花茶项目。我相信这是一笔非常有远见的投资，比一般的风险投资回报率还高。

做出这样的决策，是因为我们一开始就意识到公司利润的用途绝不仅仅是股东分红，不能让股东拿着眼下的分红，却透支了公司未来的发展可能。

6. 没有把业绩奖励和股权分红分开核算

在一个公司的发展过程中，大部分创始人都会扮演很多不同的角色：第一个角色是公司的经营者，第二个角色是公司最早的投资人，第三个角色是公司最早的全职员工。

作为经营者，他应该获得技术或者管理入股的权益。

作为投资人，他应该获得资金入股的权益。

作为员工，他应该获得公司运营收入中要分配给自己的合理工资，不应该只有股权回报。

3个不同身份对应不同的利益：**第一个身份对应公司的资金股；第二个身份对应公司的人力股；第三个身份对应工资。**

在公司发展早期，这些收入可以区分得模糊一些；但是到了公司发展的规范化时期，这些收入就应该一项项地分开，该纳入公司成本核算的要纳入公司成本核算。比如，我作为公司创始人，不在公司拿一分钱工资。但是，我不仅仅是股东，还是公司核心业务的执行者，那么我就应该和公司约定，完成的这部分工作应该支付我劳动报酬。这样，公司才能够建立起正确的成本数据，有利于长远经营。

此外，公司在运营过程中，分红并不是最好的激励方式，我更认同业绩激励的方式。

案例讨论

你觉得小王该怎么分配股权？

小王准备做一项校园水果配送电商业务。他负责进货，协调与学校的关系。另外，他还需要一个小伙伴做新媒体运营推

广和在线支付程序开发，需要一个小伙伴帮忙配送，需要一个小伙伴负责校园地推并兼顾配送。

他说服了3位小伙伴一起来做这个项目。项目的原始资本为3万元，他投入2万元，做推广和程序开发的小伙伴以技术入股，另外两个小伙伴每人投入5000元。

除了以股权分配激励创始人之外，还可以通过绩效来激励创业团队努力工作。在上述的电商业务中，如果创始人对业绩有信心，能做好这件事情，大家就可以拿业绩对赌奖励。比如：

公司业绩超过3万元，给团队奖励5%；公司业绩超过5万元，给团队奖励10%；公司业绩超过10万元，给团队奖励15%；公司业绩超过20万元，给团队奖励20%。如果公司业绩没有达到3万元，团队没有绩效激励，但可以在业务增长时用增量收入给予奖励。这样，创业团队感觉分享到了公司成长的红利，干劲会更大。

7. 没有考虑合伙人退出条件

很多公司的合伙人在合伙时都把未来想象得很好，结果真开始合伙了，才发现有的合伙人并不是真心投入，甚至有的合伙人干了一阵就闹着要退出，给公司的运营造成很大的影响。在设置股权时至少要考虑以上两种变动情况。我建议一开始成立公司时就要把股权占比和退出机制界定清楚。在中国，人与人之间的合作习惯性地依赖熟人网络的关系，所以很多创业合伙人在合伙初期对各自投入的资金、资源、工作职责、产出回报都缺乏实际的约定，对股权也是口头约定，结果到了实际经营中，合伙人之间就会因利益分配产生争议，让很多很有希望的创业项目因为创业团队成员之间的矛盾而夭折。我建议大家在正式合伙创业之前，找机会开诚布公地聊聊如下问题：

（1）出钱规则，即各出多少股本、占多少比例的股权；

（2）出力规则，即如何分工，谁来安排和监督工作；

（3）分钱规则，即赚到钱怎样分配，多少用于企业发展，多少用于个人分配；

（4）领导规则，即谁来领导，如果大家意见不一致时谁最后拍板；

（5）退出规则，即有合伙人想退出时，应该怎样退出。

如果发现这些原始股东在后续的公司运营过程中贡献不足，甚至跟不上公司业务发展的需要，那就有必要设计回购计划来赎回原始股份，将股份用于激励对公司发展有更重要贡献的人。比如，可以在一开始就约定，公司有权在某个时间内以什么价格回购原始股，或以当期市场合理价格的一定折扣比例回购。

如果你注意到了我讲的各种情况，就比较容易处理下面案例里的问题了。

案例讨论

股权和经营权是可以分离的吗？

某创业公司一共有3个合伙人，他们一起全职创业。甲出50万元，乙出30万元，丙出20万元，股权结构为50%、30%、20%。

不到半年，丙跟另外两个合伙人不和，提出离职，结果三人在股权的处置上发生了分歧。丙坚决不同意退让股权，理由有三：其一，这个股权不是免费拿的，而是掏了20万元买的；其二，从企业创立的第一天他就参与经营，没有功劳也有苦劳；其三，《公司法》规定，股权和经营权可以分离。其余两人觉得不公平，又无可奈何。

如果在公司成立时，就对股权做一个合理的区分，比如约定在公司成立时，资金股总比例是30%，人力股总比例是50%，技术股总比例是20%，然后合伙人依据各自的具体贡献分别持有合理的资金股、人力股和技术股。那么在有人退出时，他只需要退出人力股的部分股权，但是依然可以选择保留自己在资金股、技术股的部分股权。比如，结合公司的情况，可以约定资金股占30%，人力股占50%，技术股占20%。资金股按各自入股的资金比例核算，技术部分也按大家共享设定。但人力股这部分，要求至少在公司工作满5年以上才能保留；如果你5年内退出，你就要自动放弃人力股股权比例部分。

实际上，公司股权分配可以有很多创新的方案，这里提到的仅是一种设计思路，仅供参考。

案例讨论

创业公司如何合理分配股权？

一个技术类的公司，注册资本为500万元，首期认缴100万元，由核心创始人承担50%；其他5个创始人各承担10%，分别负责工程生产、技术开发、市场营销、公司内务管理以及财税事项合规性等。

6个创始人中，有的从事工程施工多年，有的在知名企业做生产管理多年，有的是营销策划事务资深人士，有的是行政管理人员，有的是资深财务专家，而且这些人均有工程技术专业背景。

（1）对于这样一个创业公司，如何合理地分配股权？

（2）这家创业公司的股权若按50%、10%、10%、10%、10%、10%的比例分配是否合理？这样的股权分配会存在什么问题？

创业公司往往很难用高薪留人，要获得一些关键岗位的高素质、有资历的员工，为其提供一定比例的股权是一个现实的选择。在本案例中，创业者都投入了资金，而且都有技术或岗位专长，如果不提供一定比例的股份，这些人估计很难留下。但是这种股权分配方案会带来两个问题：第一，创始人不占绝对控股权，那么在一些事关公司重大利益的决策上，比如公司章程约定需要2/3的股东支持，创始人争取支持的难度就会变大；第二，这种股权结构很难吸引投资人，因为投资人投项目，同时也"投人"，如果创始人股份稀释得太快，对公司的控制力很可能下降过快，经营中遇到掣肘的可能性会变大。

对于一个技术公司而言，负责战略方向、工程生产、技术开发、市场营销的创始人，决定这个公司是否能够生存并走向成功。因此，他们应当担负更多的责任并获得更多的决策权或股权。在实际安排中，他们一起拿到公司2/3以上的股权是比较合适的。担任公司顾问的技术、法律、财务等专业人士，可以考虑在支付实际工作费用的同时，配给不超过1%的股份。这样分配股权有利于顾问更加积极地工作。

2.5
创业公司需要哪3种人做员工

我最早做事情的想法是看到机会，自己赶紧上。但现在我的思维模式是如果这个机会我一个人都能搞定，那么一定不能做。

一个人能做的生意，或者两三个人就能做完的生意不是不好，一般来说其进入门槛太低，容易遇到太多的对手，就算是回报率不错，往往也做不大。

创业是一场修行。一开始自己没有经验，只能做比较小的项目，在难度小的范围内和别人竞争，只需要勤劳，肯用脑、用心，就有机会挖到第一桶金，比方说一年赚100万元。

等你想挑战更大的目标，比方说500万元的目标时，一开始就得意识到这不是一个人能轻松搞定的事情，一个好汉三个帮，你得有靠谱的人来帮忙。公司在跑通商业模式之前，要用尽可能少的人试错，把业务流程走顺。一旦商业模式跑通了，就得提前储备未来需要的人才，避免因为人力资源不足而错过做大业务的时机。

其实，在中国做生意，如果能找到赚钱的模式，缺的往往不是钱，而是能帮你赚钱的人。不同的事业规模，需要找到不同能力的人来帮你做不同层级的事情。所以，在问自己要找怎样的人之前，你不妨先问问自己："我的事业在未来一年准备做到多大的规模？"

事业有了预期规模，才能确定投入计划和人力资源规划，而不是走一步看一步。在不同的行业，一个员工平均单人产值必须达到多少才能算合格，这个通过调研就可以知道。

比如，在我们这种基本上依赖人力的服务行业，公司要在北京活下来，生死线是单人年产值必须达到40万元。如果你计划冲1000万元产值，你的劳动生产率又没有办法做到比别人更高，那么至少意味着你年底要逐步配齐20个人的团队。假如你现在还是一个人，这个挑战可能需要2～3年时间才能完成。希望这一段时间整个市场的环境不会发生大的改变。这也是我在第一课中强调要做未来10年内上升的市场的原因。

加速做大团队的方法就是去融资，用融来的资金快速招人，快速拿下市场。但是这种模式能成功的很少，很大一部分原因是招不到合适的人。

为什么招不到合适的人？我认为，一方面是因为很多创始人没有建立驾驭牛人的信心，担心自己管不好牛人、用不好能人，招人也是武大郎开店——在矮子里面拔高个儿。如果创始人格局不够，就很难去吸引比自己强的人来帮助自己，这是一个很大的问题。我是做个人品牌起步的创业者，这个问题在我自己身上是很严重的。

另一方面，很多创始人根本就没有从业务流程的角度想清楚：从成本角度分析，我的商业模式里哪些环节创造了关键价值？哪些环节不做不行，对业务起到了不可或缺的支持作用？哪些工作做好了可以成为用户眼中的业务亮点，但又没有必要全职养一个人？

比如，现在美工设计师越来越重要，但有没有必要全职养一个？还是说可以在早期阶段业务量不稳定的时候，多合作几个靠谱的兼职设计师？这样思考过后，我自己的体会是，创业公司要想清楚自己要找的3种人（见图2-2）。

图 2-2　创业公司要找的 3 种人

关键岗位要找合伙人——能合伙的，一般需要别人全职参与。

能力不足要找外包人——你不具有的能力，不等于是值钱的能力。

重复工作要找老实人——能重复做的，才能找到优化空间。

1．合伙人

一个人做公司很难，最好有一个靠谱的合伙人帮你独当一面。我的项目早期都找到了不错的合伙人，可以让我放心地把业务交给他们管理，我自己还可以抽身去思考和观察行业的各种可能的变化。

今天这个社会，每个人都被梦想和欲望驱使，能独当一面的人往往希望自己独自做大一份事业。要找到一个肯辅佐你的、特别能干的合伙人，你得让别人相信你是刘邦。另外，你找到的人还得是张良，千万别找一个曹操，否则就是"相爱相杀"。

什么是合伙人？合伙人就是相信这份事业，愿意为这份事业投入全部精力和时间的人。

不能全力投入的人，不应该成为合伙人，即便他出钱多，也只能算投资人。

我没有花费全部时间在某一个具体业务上，就是因为我花时间找到了合伙人，而且我发现，如果我能多做一些互补性强的新项目，为每一个事业都找到合适的合伙人，给他们赋能，给他们思路和打法，他们就能成长起来、独当一面，这不就形成了一个更有趣的生态圈吗？合伙人一开始可以是核心员工，然后看其贡献的大小，可以慢慢先给期权，再给股份。

2．外包人

很多工作不容易做好，而且相关岗位的业务量又不饱满，养全职员工不划算，这样的工作可以考虑找外包。像商标设计、产品包装、平面设计、广告策划、文案写作、摄影视频，一开始都可以通过外包搞定。

创始人要解决的问题是搞清楚这些工作的市场价格，千万不要因为你不会，就以为这些能力很值钱。找到靠谱的人，给他合理的价格，就能节约大量的成本。

不知道行情怎么办？找懂行的朋友打听，看网上的招聘信息，或者找几个服务公司打电话去问，都可以。

此外，关键岗位是会变的。比如，财务一开始可以外包，公司做大了就得自己人管，要提前培养人，做好人才储备。

3．老实人

一个篮球队，不能人人都去投篮，还得有人去做抢篮板的工作。外人看起来闪闪发光的业绩，80%甚至90%是由枯燥重复的工作打磨而成的。比方说，别人只看到秋叶PPT一年招收几万个付费学员，却看不到为了获取学员，我们每天都要准备微信原创文章，标题、头图、排版一样样过。我们还要服务好学员，答疑、改作业、搞训练营，全年轮班。这些工作有一定的技术含量，但做熟了也是流程化的工作，关键是细心＋耐心，愿意一边做一边记录和总结，慢慢优化整个流程的效率。

这样的工作不能投机取巧，得找老实人。老实人没有那么多想法，能按你的要求一点点地把工作做到位。一开始他可能做得不令人满意，慢慢地就比较好了，最后就能做到熟能生巧。到了这一步，一群老实人就能击败一群聪明人，因为前者心定，后者眼高手低。

我认为一个创业团队有1~2个合伙人就够了，一正一副、一外一内，互补型搭档是最理想的搭配。

外包人相当于资源库，当然是越多越好，避免某一家因手里有活而不能及时响应你。对于老实人，就得先测算岗位的工作量，一天8小时工作量饱满就必须加人，把任务分解出去，解放有经验的员工，释放他们的生产力，让其做更有回报的工作。

2.6
创业公司如何用好3种人

合伙人一定要有夫妻一起过日子的觉悟。过日子需要精打细算，别以为当老板就可以有钱任性。

1．和合伙人过日子

和合伙人过日子，我觉得最重要的是谈好3件事：

（1）柴米油盐，精打细算，别乱开高薪；

（2）内外有别，分工明确，别乱插手工作；

（3）为团队核心成员赋能。

合伙人做事不是冲着工资去的，是希望创造更大的分红或者获得未来上市的机会，所以不要乱开高薪。要记住，创始人和合伙人定的薪水高了，自然带着整个公司的薪酬水涨船高，导致公司的运营成本不必要地增加。

合伙人对公司的商业模式一定要有清晰、一致的认识，才能谈好彼此的分工，团结一心为目标奋斗。我们常常以为，创始团队对事业目标的理解肯定是清晰的、一致的，但真实情况是，随着业务的不断演化，每个人的认知和理解都在不断变化。所以，合伙人之间要定期保持深度沟通，确保同频，加深信任。

有时候，事业合伙人未必能胜任新的工作职责，所以创始人要善于为核心成员赋能。

如何为团队成员赋能？我在理查德·尼斯贝特的《认知升级》里看到一段话，很受启发："教育是最需要为一个人赋能的行业，在创业这件事情上，我们都是学生，都需要自我赋能或者被他人赋能，才能面对创业时的无助感和挫败感，相信自己是那个能走到最后的人。"

看看成功的家教对学生做的事情：

（1）在学生身上培养一种控制感（control），让学生感受到自己能掌握所学的内容；

（2）向学生发起挑战（challenge），不过挑战的难度不要超出学生的能力范围；

（3）大力表扬学生的成功（让学生确信自己刚刚解决的问题难度很大）和淡化学生的失败（为学生的错误找理由，强调学生做对的部分），向学生灌输信心（confidence）；

（4）使用苏格拉底提问法（连问5个为什么），让学生把表面上看起来不一样的问题联系起来，通过这样的方法培养学生的好奇心（curiosity）；

（5）将问题放在真实世界的环境里或电影、电视节目中出现的环境里，让学生学会在一定情景（contextualization）里思考问题。

我觉得，这5个方法就是非常棒的赋能方法。

合伙人都是核心员工，除了给他们赋能外，我还有两个秘方让他们加速成长：

（1）给他钱，给他人，他自然就成了管理者；

（2）控制给钱、给人的节奏，控制员工膨胀的风险。

有些合伙人是很好的技术型人才，但不是管理型人才。管理思维很难培养，也很难通过看书学到。我的办法很简单，如果觉得一个人不错，就逐步给他钱，让他自主决策怎么花。

当然，花之前要和我商量，由我判断是否合理。如果合理，细节我就不问了，培养他用钱的感觉、赚钱的感觉，以及控制成本的意识。钱花了以后，我也会定期对收支流程进行复盘，帮助他建立运营的意识。

除了给钱，我还要求他制定绩效制度，用激励制度去管人、去带人，让他意识到钱不过是一种资源，资源要在使用中才能发挥价值。

很多人的思维惯性是"我缺钱，我要赚钱"，一旦赚到了钱就舍不得花钱。这种思维对做商业的人是非常有害的。

应该评估一段时间内有没有通过合理地配置和使用资源增加有效资源，而不是简单地计算钱是多了还是少了。当然，对于商业经营，"钱"就是非常重要的资源。

这样去培养核心员工，他们的成长速度会更快，而且更具管理思维，未来就更可能成为靠谱的合伙人。

不过，用钱、用人也要一步步地来，一下子就让没有经验的好苗子管太多的钱、太多的人，一定会出问题，不是导致个人膨胀，就是使他因能力跟不上而被打击，须知欲速则不达。

我是带大学生创业起家的，这方面的教训比较多。大学生缺乏社会阅历，也缺乏不同职场环境的对比，会把自己遇到的好运气看成理所当然的事情，对自己的能力产生错误的判断而并不自知。

年轻人一旦膨胀了，你再去指出他们的问题，说服他们冷静下来，他们就会产生过度的挫败感，很多人因此选择放弃奋斗，很可惜。

成功打造了个人品牌的创始人身上有很多光环，这些光环让信任变得简单，因而追随者甚多。但弊端是，这样的模式在管理上更多依赖明星效应的驱动，缺乏细致的管理沟通，容易过度放权，这是需要特别注意和警醒的。

2．和老实人"过日子"

（1）你越温暖，他越忠诚；

（2）员工的复利是建立在忠诚之上的；

（3）过日子的人不容易忠诚，只能讲契约精神。

对事业的困难有系统考虑的人才能做合伙人，他愿意承担更大的风险和责任，但也希望有更大的回报。这个世界上的绝大部分人是普通人，普通人也就是希望平平安安地过日子，遇到一个有钱赚的公司，遇到一个体贴人的老板，遇到一群谈得来的同事。所以，对合伙人可以内部吵翻天，大家吵完还得做事；但是对于普通人，特别是我们选中的人品靠谱的老实人，公司按时发薪，平时对他们多多关心，让员工觉得在这里上班有归属感，特别是在创业初期，这样做效果会更好。

一个忠诚的员工会带来成长的复利，遵循的规律就是练习曲线（见图2-3）。

典型的练习曲线

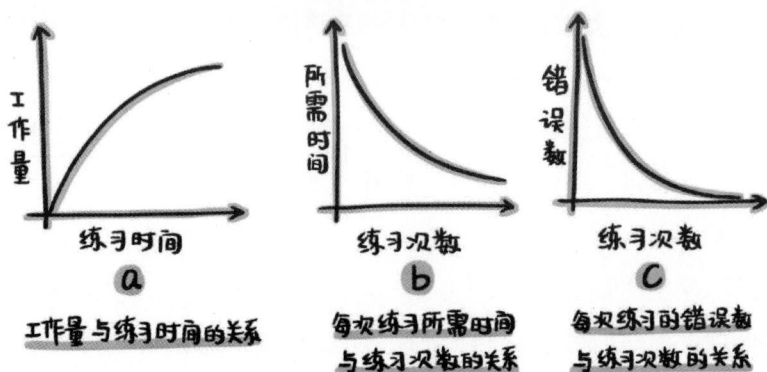

图 2-3 练习曲线

练习曲线是在飞机制造业中首次发现的，最早也称为经验曲线。我认为不但企业有练习曲线，个人也有练习曲线。老实人忠诚，但学习速度慢，成才周期长，但是成才之后，其实也一样好用，就是要耐心地等。千万别一开始觉得这些人笨，做事时这里想不起来那里记不住，就总嫌弃他们，想去招更优秀的人。

任何公司招聘的目的，都是找到最合适的人，共同努力去达成目标。合适，是指正好匹配这个企业在这个阶段的需求，和通常意义上优秀的标准不一定一致。

我认为，创业公司招人不用对优秀有执念，而应该在合适的成本区间里，尽可能找最优秀的人才。

如果老实人肯学又忠诚，那么他就是特别好的员工培养对象。如果这样的老实人在公司里业绩表现一直不够好，也别急着淘汰，有可能是业务还没能为这样的人创造出空间，要自我反省，想办法解决。如果判断他确实不适合这个岗位或业务，那就应该尽快为他创造转岗或者转行的机会，不要耽误个人的发展。

普通的公司是一个普通人想带着一群聪明人把事情搞定。

优秀的公司是一个聪明人带着一群普通人把事情搞定。

卓越的公司是一个能人带着一群普通人把事情搞定，顺便把大家培养成牛人。

3．和外包人"谈恋爱"

外包人其实是合作伙伴。合作伙伴不是员工，不能通过简单粗暴地定KPI来管理。合作伙伴是生意场的资源，往往让你又爱又恨：爱是因为他们做事比自己的人更专业，恨是因为沟通成本太高，甚至最终花费也不低。

如果只用商业思维沟通，很多外包资源就容易变得讨厌，所以我们说要和外包人"谈恋爱"。人和人谈恋爱时，总是会想着为对方制造小惊喜，经常收到惊喜就容易开心。如果能与外包人成为彼此愿意交往的朋友，朋友之间的很多事情就好商量，否则一切都在商言商，很多事情就变得麻烦了。

平时一旦发现好的外包资源，不管用不用得上，都先要做好感情维系，有什么好福利都记得给外包合作伙伴一份，渐渐地大家就成了朋友，彼此之间建立了默契，从而大大节约了沟通成本。同时，自己的工作也要有足够的专业度，让他们感到有这样的客户对他们的业务能力也是一种促进。我的公司就是这样两头刺激，拿到很多别人谈不下来的外包价格，大大节约了公司成本，还能保证工作质量。

2.7 创业公司第一批员工如何搭配

推动一个创业项目往往依赖项目发起人，但一个创业项目能否持续发展下去，则更多地取决于能否逐步组建一支优秀的团队。

很多创业团队恰恰是在看到盈利的曙光时因为利益冲突而崩盘散伙，让项目功亏一篑。

那么，如何组建一支优秀的初创团队呢？我有4点经验。

1. 尽量选择相互熟悉的团队成员

我创业时的第一批小伙伴全部来自自己身边的社群，在社群里我也一直在默默思考某个人成为我事业的全职或兼职人员的可能性。社群可以说是发现人才的一条捷径。

如果说这个人我没有接触过并建立信任，那么哪怕他的履历很好看，我也心存疑虑。

创业初期，团队的核心成员一般都很少，大部分是三四个人，基本上不会超过10个人。有的创始人因此低估了管理创业团队的难度，以为人数少，沟通快捷，有问题随时都可以解决。其实，创业团队前期没有经过项目磨合，彼此不熟悉，每个人内心的想法、工作风格可能和创业者的预期大相径庭，容易造成额外的沟通成本。

如果创业团队成员之间非常熟悉，彼此知根知底，既能清醒地认识到自身的长处和劣势，也对其他成员的个性和能力特长一清二楚，就可以避免很多矛盾、纠纷，迅速提高团队的向心力和凝聚力。

很多创始人选择的初创团队成员多是同学、朋友、校友，却仍然很快产生了矛盾，原因是没有经过项目合作的磨合，没有经历事业压力的考验，很容易因为误会而结合、因为了解而分手。

2. 尽量选择能力互补的团队成员

只有成员能力互补、能够作为一个整体来发挥实力的创业团队，才可能是一个优秀的团队。很多创始人组建初创团队的时候，潜意识里是在找和自己一样的人。但优秀的创业团队的成员应各有所长，能力互相补充，形成团队整体作战的能力，弥补单个人能力的短板。

一般而言，优秀的创业团队应当包括以下几类人。

（1）能够在关键时刻做出最后决策的人。这个人往往是团队的核心，也是项目的创始人，可以决定项目未来的发展方向。这样的人在团队里最好只有一个。

（2）市场拓展能力强的人。这样的人能联系到客户，拓展企业的生存空间。

（3）执行能力强的人。这样的人能够快速执行具体的工作任务。无论是产品研发、客户服务还是公司内勤，都需要这样的人才。

在创业起步期，团队中应该有人了解必要的财务、法律、审计等方面的专业知识，具体的事务可以考虑通过外包的方式来节约成本。

还要提醒一点，除了能力互补，团队成员的性格互补也很重要。创业团队需要能力强的人，但是能力越强的人越有个性，彼此之间也越容易产生冲突。有一位能够使团队产生化学反应、缓解冲突的成员作为黏合剂，让团队内部保持和谐的气氛，是非常必要的。

3．尽量选择资源丰富的团队成员

每个团队成员都或多或少地拥有一定的社会资源，这些资源都可以成为创业的资本。在创业初期，怎样打开市场是最大的难题。因此，在选择团队成员时，可以充分考虑其所拥有的社会资源。这里的社会资源可以是客户资源、资金资源、供应链资源、市场资源、政府资源等。

但同时也要注意，选择这类成员时首先要考虑他在团队中的位置，对其应有相应的工作安排。如果是仅仅能提供资源帮助的人，建议还是保持简单的商业关系更好，不要轻易地将其发展成团队成员。

4．尽量选择工作主动的团队成员

创业需要做事自动自发和主动承担责任的团队成员。这样的素质更多来自一个人平时积累的工作习惯，会通过日常言行体现出来。

社群就是观察人的一个非常好的场所。在社群里面搞活动，谁总是在为别人鼓掌？有事情需要帮忙时又是谁在高喊"我来"？谁在出现冲突的时候主动发红包以转移大家的注意力？谁在默默地去朋友圈给大家点赞？谁主动创造机会去成全别人？……在社群里，可以观察和寻找团队成员的机会太多太多了！

其实，企业初创期寻找团队成员，并不需要一开始就找到"最牛"的人，完全可以先找几个"还凑合的人"把活干起来再说，后面再慢慢调整。何况，在一个快速成长的企业，团队成员自身的潜能也会被激发。那些当初你"看不上"的人，也许不久后就会让你大吃一惊。

大学"网红"副教授指导"90后"成功创立在线课程

武汉工程大学副教授张志在武汉工程大学教机械制图,以"秋叶"的网名在网络上教大学生制作PPT,吸引了40万微博"粉丝"和超过100万的微信"粉丝"。他的PPT制作类图书累计销量超过100万册,每一篇原创微信文章的阅读量都在2万左右。这样的成绩与一家中型媒体相当,因此也有人称他为武汉第一专业"网红"。

他在2010年推出《说服力:让你的PPT会说话》,用PPT思维写书,引发图书热销。"那时候微博刚刚兴起,我把微博名称印在书上,吸引了第一批'粉丝'。"张志说。此后,网络上流行什么媒体平台,张志就去"玩"什么。从最初的论坛、博客,到后来的微博、微信,再到网盘、知乎、豆瓣、网易云课堂……几乎在每个平台上,他都是签约内容作者,"粉丝"规模也越来越大。

"粉丝"队伍壮大后,张志发现,"只有志同道合的'粉丝'在一起,才能形成有力量的社群"。于是,他将网上课程的付费学员纳入千人QQ大群,打造了一个庞大的网络社群。他和小伙伴每天在群里为学员答疑解惑、讲评作业、免费分享资源。如果有企业付费请他做PPT,他就将任务分发到群里:"大家一起来'群殴'PPT,谁行谁接单。"

张志还在社群中发掘了不少擅长做PPT、主动帮忙管理社群、做事踏实的"好苗子",将他们慢慢吸收进自己的核心

"粉丝"团队,单独加以培养。因给某市委书记做PPT而蹿红网络的巴玉浩,就是张志的弟子。

这样的苗子越来越多,张志就想:为什么不能把在线课程的运营全部交给这些非常熟悉的小伙伴呢?在他的指导下,几个"90后"小伙伴共同创办了幻方科技有限公司(以下简称"幻方科技"),联合开发"秋叶PPT"品牌。

经过一段时间的培养,张志发现小伙伴成长得非常快,内部磨合也非常顺利,于是干脆把整个公司的运营全部交给这些"90后"。他认为小伙伴比他精力更充沛,更懂互联网思维,更能抓住"90后"的喜好,自己只参与重要的战略决策,不干涉公司的日常运营。

在小伙伴的努力下,幻方科技的创业方向已从PPT拓展至Office在线课程,以及职场技能、时间管理、办公手账等,主要服务群体就是那些即将跨入职场的大学生。

小伙伴为了解决课程资源开发和个人能力不足的问题,将所有课程"众包"。比如,一本书稿、一门课往往有3~5个作者,他们往往两三个月就可以完成书稿写作或课程开发。"小步快跑、不断迭代进化,才能在移动互联网时代锁定更多的受众"。

截至2021年3月30日,幻方科技在网易云课堂上架的课程已经超过20门,付费学员总数超过60万人。

思考:

(1)同样是找"90后"小伙伴作为创业伙伴,为什么张志获得了成功?

(2)对照本节内容中选择团队成员的4条标准,你能谈谈"秋叶PPT"在团队建设过程中是如何选择创业伙伴的吗?

2.8
如何处理核心团队成员的离职

能一起开始的人，不一定能一起走到最后。

成为一个创始人之后，就会发现事业越做越大，能理解你的人反而越来越少。这很正常，每一个创始人迟早都会经历这些，但核心团队成员突然提出离职，还是会带来很大的冲击。

这种冲击一方面来自情感上的挫败：本来是携手共进的长期伴侣，怎么说散就散了呢？另一方面，核心团队成员离职对业务和团队的士气都会带来很大的影响。能好说好散的人不多，创业团队核心成员的离职往往伴随着公司的重大动荡，可以说很多创业小公司不是死于市场竞争，而是倒在内部团队成员分道扬镳上。

作为创始人一定要意识到，随着企业规模的成长，团队成员新陈代谢是正常的，与其回避，不如思考如何应对。

我的思考是：

第一，作为创始人一定要尽早培养核心业务的后备力量，不要过度依赖一个人，不管这个人会不会走，过度依赖个人能力本身都是很危险的。核心岗位必须有AB角，万一其中一人出现变动，也不至于打乱正常的运营节奏。一些大企业要求，业务骨干晋升的前提就是培养出替代自己的人选。

如果核心员工离开之后，业务有人顶上，团队成员经历一段心理动荡期之后，很快发现公司业务还是能顺利运行，就能安心继续工作，不会因为核心员工离职导致更多的人离开，让公司不得不花费大力气"回血"。

第二，公司一定要尽早开始企业文化建设。很多时候，核心成员离开公司，是因为渐渐找不到对企业使命的认同感，忘记了一开始为何而出发。在明确企业使命和企业文化建设的过程中，最大的问题往往出在创始人自己身上。

最强调企业价值观的人是创始人，但开始破坏企业价值观的往往也是创始人。往往是创始人自己做不到知行合一，才让团队核心成员产生失望情绪，进而产生各种裂痕；裂痕到了某一个临界点，矛盾突然激化，局面就不可收拾。这一点我自己深有体会。

但有时候，创始团队成员离开也并不是坏事。公司规模扩大，经营方向调整，不一定匹配每个创始成员的想法。很多人发现自己跟不上业务发展的需求，主动要求离开去充电，也是一种相对不错的选择。

给公司做出了贡献的核心团队成员如果提出离职要求，创始人可以先与其沟通，建议其以休假的方式缓冲一段时间；或者出去学习，进修后再回来；或者换一个工作岗位带新的团队；或者带着团队在内部创业，自己成为新创业项目的投资人；或者推荐他去一个更适合他的公司。

如果提出离职的是合伙人，还得好好与其沟通股份的事情：其股份是由公司回购还是由其继续持有。如果以后有外部投资，其股份如何处置才能避免节外生枝，都是很棘手的问题。

不管怎样，核心团队成员离开，对创始人是一个巨大的考验，创始人要顶住。

2.9
找对合伙人从来都是很难的事情

大部分有个人品牌的人（就好比我）创业，并没有足够的商业经验。我是本来想玩票，结果赶上浪潮就被稀里糊涂地冲下海了。

这就很好地解释了我们在创业早期为什么招人难。

没有创业经验的人，往往只在自己看得到的圈子里选人，出了这个圈子，也不知道去哪里找人。因为阅历不够、人脉不够，也舍不得花钱花时间去找人，认为能有个人凑合用就行，根本就没意识到，对于创业公司来说，招聘不是HR的事，也不是业务主管的事，而是CEO的一项重要工作。重要到什么程度呢？跟公司战略平起平坐。

人不对，事不对。

谁牵头干事业，谁就负责组班子，道理就这么简单。在创业初期，CEO要深入招聘第一线。即使到中后期企业规模扩大，组织结构优化、人才盘点和核心岗位招聘仍然是CEO要重点参与的工作。

美国的通用公司够大了吧？CEO杰克·韦尔奇每个月还都会抽一个下午到通用的克劳顿韦尔领导力培训中心，来听听骨干们在忙什么，或是分享公司的使命和愿景。他有一个5000人的人才名单，不断到世界各地去见这5000个人，聊天、记笔记。不是他很闲，而是他知道公司最大的财富就是人才。

创始人就是公司的首席人力资源官。能用到的资源都要用到，只要能找到合适的人才，面子算什么？

要招到合适的人，最好的方法是花钱。钱出够了，不怕找不到合适的人。

那我马上花钱花时间去找人行不行？

也不行。

在没有搞清楚业务特点、找到好的业务模式之前，你都不知道要找怎样的人来帮你。

很多创业公司招人，就是从招聘网站上找个差不多的岗位职责，改改就能用。

这样可行吗？

如果对核心业务的思考足够深入，非常确定自己要找具有何种能力的人，抄抄别人的岗位职责没什么大碍，因为自己心里还是有杆秤的。不过，很多创始人可能连秤的影子都没见过。

招人之前，有个必不可少的准备工作叫定岗，也叫组织结构设计。组织结构不是拍脑袋想出来的，而是由企业业务战略、所处阶段、现有资源共同决定的。

创业公司在早期设计组织结构时不要求全，而要优先满足核心业务的需求，以够用为原则。一方面这样更经济，另一方面创业公司后期的业务调整会比较频繁，这样可以给自己多留一点空间。

另外，即使是同一个业务，不同职位的核心能力要求也不一样。比如，基层员工重执行能力，中层重策略能力，高层重战略能力。所以，招聘前设计好不同岗位的人力模型很重要。

设计人力模型有两个好处，一是会强迫创始人深入思考业务需求，反复考量这个岗位是干什么的，有没有必要，要完成什么目标；二是画像清晰了，找人才有方向，招聘的匹配度才更高。

人力模型和岗位职责、业绩表现是两回事。比如，运营公众号、增粉、策划营销活动这些是岗位职责，不是人力模型的构成要素。

思维模式、价值观、能力、行为习惯等不受岗位、经验影响的通用评估要素才是构成人力模型的要素。具体来说，其包括战略眼光、领导力、开放利他、结果导向、结构化思考、快速学习、沟通能力、团队协作、组织协调等。

不同的业务岗位对应不同的人力模型，比如市场岗位和运营岗位对应的人力模型肯定不一样；不同职级使用同一个人力模型，但各要素的占比会有差异，比如对市场部门初级员工的领导力要求肯定比总监低。

人力模型通常用雷达图加以呈现，一目了然。

有了人力模型，简历筛选标准和面试考核标准就很容易确定出来，岗位考核指标结合业务目标也就能有针对性地制定出来。比如，总监岗位的人力模型要求有较高的领导力，那么考核就会着重看人才培养与团队能力提升情况。

如果我清楚了自己需要怎样的人，也知道该提出怎样的能力要求，是不是就能招到合适的人？

还是不行。

合适的人，未必看得上你的盘子。

庙太小，梦想不够远大，也留不住人。

或者人家愿意帮你，但你给不起别人想要的待遇，甚至有时候你也搞不清这些人值不值这些待遇。

如果你真的发现了一个不容错过的人才，那么你需要提前做好一件事：先想好核心价值点，也就是让人才选择你的理由。

去创业公司工作是个高风险决策，创业公司在面对优秀人才的时候其实没什么竞争力，通常能吸引他们的不外乎三件事：钱、职位、愿景（可能性）。到底用哪招，得看对方想要什么。通常选择成本越高的人，对物质回报的要求反而越低，因为机会多，所以他更看重未来的可能性。选择成本低的人，会更看重短期收益。

招人之前，要好好梳理一下核心价值点的内涵，在看到感兴趣的人才时，抓住时机给出个他难以抗拒的理由。别太"佛系"，在人才争夺战上，"随缘"都是没自信的借口。

创业招人这事，道理很多人能讲得清楚明白，但是做起来困难重重。只能一边发展，一边找人，一边淘汰。企业在不断发展，这个过程也在不断轮回。

从成本角度考虑，创业公司招人也要有个"岗位分层"。

组织结构确定了，人力模型也定了，但是招聘需求总是有差异的。哪些着急用人，哪些可以等等，哪些必须找顶尖人才，哪些新人也能干，哪些最好整群收入，哪些可以一个坑一个坑慢慢填，这些都要考虑。

创业公司很有必要根据需求做精细化招聘，以确保用最少的招聘成本实现人岗匹配、人尽其用。

如果实在找不到合适的人，怎么办？那就只能自己顶上，等到人才来了再喘一口气，顶不过去就散了吧。

很多人眼看顶不住，就想将就用不合适的人来帮自己顶一阵。大多数最后还是顶不过去，还得散伙，人没了，感情也没了。

万一顶过去了，就更麻烦，这些帮过你的人，未来迟早都跟不上事业的发展，你还要不要他们？这时你又不得不面对辞退他们的情感挣扎——真的要把帮助你渡过难关的人都开了吗？

创始人很容易遇到这样的问题，也很容易被人说"没人性"。在这个纠结挣扎的过程中，考验的全是你对自己的认知、对人性的洞察，最后很容易一不小心就变成了自己最讨厌的那种老板。

我的朋友萧秋水说："员工离职+辞退员工+投资人散伙甚至被摆一道，经历过这些才能成为成熟的创业者。"

我很同意。但是创业嘛，不经历风雨，哪能见彩虹？

2.10
课堂复盘讨论：公司招不到"牛人"怎么办

请问：如果一个人很普通，起点也不怎么样，做事态度挺好，然而做事的效率和效果都有问题，这样的员工要不要淘汰？

秋叶商学院个人品牌首席顾问张小桃说了三点：

（1）看人是不是放对了位置（用人）；

（2）看能否在短期内加以培养（育人）；

（3）如果上述两点都不行，这个人又确实拉低了团队的工作质量，那就果断淘汰。

小桃的看法很有道理。遇到表现不如预期的员工，我们要先看其是否人尽其能。管理者需要把员工放对位置，而不是要求员工样样精通。如果已经将其放对了位置，只是成果暂时不太显著，那就要考虑短期内强化培养，使其上手。不过，创始人之所以出现这样的困惑，往往是因为一开始就忽略了招到对的人的重要性。

招到一个合适的人基于以下三点。

（1）这个岗位的职责明确，有能力评价标准。

（2）对这个人有充分的了解，确定其匹配企业文化和岗位要求。

（3）安排了合理的培训计划，指定专人指导其业务。

不同层级的员工，招聘时候考察的侧重点也不太一样。

如果是招业务一线员工，第一要求其对执行效果负责，首先其价值观一定要和公司合拍，不然动作容易变形；第二要求其踏实肯干，一线工作往往琐碎，浮躁的人干不长。

对于带一个业务团队的中层管理者，第一要求价值观一致；第二要求其团队责任感要强，能带着小伙伴冲冲冲；第三要求其有一定的管理意识和能力，这样才能很好地拆解目标，使其准确落地。

而高层管理者（以下简称高管）通常都是职业经理人，对其第一要求是带队伍打仗拿结果。所以，价值观不冲突就好，不用非常合拍。但是其战略能力很重要，高管跑偏一下导致全队死光的例子也是经常有的。第二要求是其不能小心眼，要有大局观，不然几个高管抢资源也是让人很头疼的。第三要求是培养新人，带出一支优秀的队伍。

很多初创公司能找到的是两种人：一种是有一定的通用职场能力但缺乏专业技能的人；另一种就是新人，人还不错，但是啥也不会。我的公司就是如此。

创始人普遍能够接受的新人培训期是3个月，最长不超过6个月。如何在3个月里把这样的新员工培养成能够用的人呢？

对于缺乏专业技能的人，企业应明确要求3个月或者半年内需要其达到什么水平，确保其可以开始为企业创造价值。

这里的挑战是：招一个人，经过3个月的培训后，能否清晰地说出这个人应具备怎样的能力？如果创始人自己都不能清晰地理解对员工的能力要求，对新人的培养就很难科学化、合理化。

比如，很多岗位要求员工"要有责任心"，请问怎样叫"有责任心"？

再举一个实际的例子。很多企业都需要新媒体人才来做好营销，但多数企业并不知道自己要找什么样的新媒体运营人才。

我搜索到一家公司新媒体运营岗的招聘启事。

岗位职责：

负责公司在网络上的品牌形象推广、网站维护等工作。

1. 公司自媒体平台官方账号运营，包括日常信息的编辑、发布、互动、维护和管理，提高品牌的影响力和关注度。

2. 门户类网站、微博、微信等媒体平台的信息发布和页面维护，推广活动的策划和运营。

3. 利用微博、微信平台进行推广，开展互动活动，进行数据统计，跟踪推广效果，并进行数据分析和反馈，总结经验，运用有效的运营手段提升用户活跃度，增加"粉丝"数量。

4. 协助微博、微信运营策略的制定并执行，定期策划营销活动，配合公司大型活动、合作项目、网站整体的宣传和品牌推广。

任职要求：

1. 18～30岁，身体健康，1年左右微博、微信、新媒体运营或网络推广工作经验（欢迎电子商务、汉语言文学、新闻传播专业的毕业生）；

2. 熟悉各大网络应用及SNS社交网站，搜寻优质UGC内容进行转发并评论，具有文字编辑功底及图片处理能力，会整合资源素材，有文采，能够做原创内容；

3. 喜欢玩微博、微信、论坛、博客、贴吧等，有较强的新闻敏感度（网感），可借势热点策划新媒体主题活动并执行，增强"粉丝"黏性。

应该说这个招聘要求把工作内容说得很清楚，对任职要求也有很明确的指标，但实际上按这样的要求去选人很难选到，因为能做到第二条的人已经非常稀缺，真正靠谱的人工资要求很高。创业公司找到这样的人很难，更容易找到的是缺乏经验但是有潜力的苗子。对于有潜力的苗子，用现行标准去评价这个人未来的岗位胜任力为时过早。关于测试新人的潜质，我有一些经验。比如新媒体运营，我会半夜11点请考察对象帮我排版，然后看他是11点50分主动给我，还是12点30分或者是第二天，等我催才给我。

如果能在11点50分完成，说明这个人头脑快、业务熟、能熬夜，有反馈意识，知道我可能要在12点推送。如果这个人的排版和内容质量超出期待，那我会毫不犹豫地与他签订聘用合同。

如果我11点30分给他发消息，他第二天早上过来道歉说："大叔，我昨晚早睡了，没有影响你工作吧？"那这个人估计就只能做普通工作，而不能做新媒体工作。

通过了能力测试，接下来进行稳定性测试。每天给他一个合理的小任务，连续给5天，看他能不能做下来。如果稳定性也过关，就基本上说明你捡到宝了。

如果让我去招新人，培养其做新媒体运营事务，我会提出如下5点要求：

（1）能熬夜（评估身体素质和生活习惯）；

（2）朋友圈的文案有"脑洞"，经常点赞破30（评估文案的写作能力）；

（3）微信朋友圈文字排版能让人眼前一亮（评估审美和动手能力）；

（4）关注哪些微信公众号（评估自我学习能力和个人视野）；

（5）朋友圈经常出现各种线下活动照片（评估其活动策划的潜力）。

这5点，我都可以通过刷一个人的朋友圈实际观察到。

——我看他的朋友圈，就知道他的作息时间。

——我看他发的朋友圈内容的质量，就知道这个人有无运营思维，以及基本的配图、文案写作和聊天技能。

——我看他的朋友圈配图和文字排版就知道他有无排版潜力。

——我看他关注的微信公众号，就知道这个人的视野。

——我看他在朋友圈发的线下活动照片，就知道这个人的参与程度。

我之所以能这样判断，是因为我在新媒体领域多年的积累和沉淀。

换句话说，作为公司的创始人，你不熟悉的业务就不要让它成为公司的核心业务。如果它必须成为核心业务，而你不去重视，不去量化分析，不去建立业务模型，或者不去请懂行的人帮你把关，那么就会出问题。

为什么很多企业要招新媒体人才却招不到？就是因为自己不懂业务，也不知道去请教明白人，自然不知道需要什么样能力的人。最后招来不合适的员工，对方经过半年培训也达不到要求，绩效考核不过关，只能被淘汰。我觉得出现这种情况，主要责任在创始人。绩效考核只能跟踪工作结果，不能预判这个人的潜力，也不能告诉你这个人不行的真正原因。

还有一点，我们会说很多企业只招人，忽略了创造让人发挥能力的工作环境，结果人来了，干得不愉快，要走。这是谁的责任？我举一个自己公司的例子。这是一名刚刚上班一周的员工提交的工作日志。

2018年3月8日工作计划

【日常性工作】

1. 在线课程报名学员加好友、备注、拉入群；

2. BM宝宝朋友圈维护；

3. 在线课程销量记录；

4. 训练营、IP营学员日常维护；

5. 早晚刷一遍学员群；

6. 向已邮寄了《社群营销实战手册：从社群运营到社群经济》新书的学员发豆瓣链接，邀请写评论。

【项目性工作】

1. 创业营报名收费并记录；

2. 第三次课堂讨论提醒通知；

3. 第二次获奖名单公布；

4. 统计、提交表单数据；

5. 对已签名的《社群营销实战手册：从社群运营到社群经济》新书做最后一波邮寄安排；

6. 创业营文案优化整理；

7. 账目表。

【临时性工作】

1. "百度问答"第二批签约合同问题跟进；

2. IP营联络跟进表。

【今日收获与总结】

1. 总结归纳可流程化的东西，形成手册，提升效率。

最近，写推文、改排版，小伙伴们帮忙检查的时候还是会发现很多问题。挤出时间，把目前的排版技巧和发文前需要检查的内容归纳了一下，做成清单，以降低犯错的概率，提升效率。

2. 主动沟通，解决问题。

上周和猫叔一起吃饭，大叔对于"妈妈点赞"的公众号运营给了我很多的灵感和建议，我感觉瞬间打开了很多思路，也解除了一直困扰我的疑惑。主动和敏妈沟通想法以后，知道了我们要做的新行动方案，并且明确了自己的目标，防止自己提前行动、走弯路，节约了时间。虽然大叔和敏妈很忙，但是有时候还是要敢于并积极向上地与他们沟通。

3. 做事别忘记设置目标，要带有目的。

今天大叔给我和晓露讲了一下回顾文应该怎么写，在这个过程中，我感觉主要是通过目的，寻找正确的路径去达到目的，然后完善细节，不然就等于白写。在明确具体思路的基础上，我整理出了思维导图。

这个团队在创始阶段规模不大，成员都在一个微信群里，我要求每个人必须定期总结自己的工作成果，分享出来，形成一种乐于分享、互帮互助的氛围，新人融入得越快，成长也会越快。

另外，这个工作计划模板是专为职场新人设计的，分成了日常性工作、项目性工作、临时性工作和每日思考复盘。对于职场新人，能有条理地写出来做了什么事就算合格。之后我会逐步引导新员工将每日工作计划对应到量化的业绩指标，增强结果导向的工作习惯，不允许出现"整理了一些资料"这种模糊的表述。

新人水平有高有低，大部分人一开始只会汇报工作量，创始人要慢慢将其优化成围绕工作目标、工作成效进行汇报。否则他每天看似做了很多工作，但对工作任务之间的关联度、系统性认知能力得不到提升，更谈不上有意识地组织资源来完成和推进工作目标了。

对日报、工作计划这些工作文档的要求就是最基础的管理手段，通过标准、流程、制度加上非常细致的指导，平庸的新人也能很好地完成工作。

我做过测试，要想让新员工熟练掌握基础运营工作流程，内部培训次数是50次。即使是非常不错、非常忠诚的员工，也需要50次！但是经过50次培训的员工，最后会回报你50倍的忠诚，还拥有与培训5次就学会业务的员工同样的执行力。

优秀的创始团队，是要带着一群平凡人干出不平凡的事业，而不是请来一群牛人指点江山。

第 3 章

关键资源链接

一个创始人的商业潜力，不在于他现在手里有多少钱，而在于他能调动多少资源为企业所用。

3.1
什么是关键资源

在古代，战争很能衡量一个国家的综合国力，因为战争最考验一个国家的资源调度能力。大国之间的战争，赢家往往是资源调度能力更强的一方。

商业作为文明社会的战争，比拼的是企业的资源调度能力，而不仅是企业的赚钱能力。深刻认识到这一点，你就能理解为什么说高盛比雷曼兄弟更厉害。同样是遇到金融危机，高盛能说服美国政府紧急出手相助，而雷曼兄弟不能，所以最后被瓜分掉的是雷曼兄弟，不是高盛。

经营企业就是在经营企业的资源管理能力。一旦建立资源管理意识，就不会把钱当成最重要的资源，犯下经营错误。

企业在不同的发展阶段，需要链接不同的资源，这些资源都可以折算成一定的成本，但并非有了钱就能买到想要的资源。

所谓企业成长的"天花板"，其实是遇到了企业资源调度能力的"天花板"。经营危机来临，企业有能力超群的领导者，就能在谈笑间解决问题，否则企业就会深陷泥潭，难以为继。

只不过在企业经营过程中，最容易短缺的资源是钱（更准确的说法叫现金储备），所以其更容易引起创始人的关注。如果创始人只盯着钱去努力，反而很难赚到钱。不如盯着资源去整合去造势，有了势能，自然能吸引人拿钱来做资源交换。这就好比下围棋，在布局阶段，最重要的是取势，有了势才有各种变化的可能。如果一开始就忙着"做眼活棋"，活是能活一块，但最终会输掉大局。布局到位了，自然链接上全局的棋子，一活俱活，一荣俱荣。

秋叶PPT能顺顺利利发展到今天，并不是因为我们第一个做在线PPT教育，也不是因为我们先赚到了很多钱。但我们是第一个在职场赛道把单门课程以99元的价格卖出了1万份的团队。

很少有人知道，整个2014年，我们内部的经营目标就是一句话：不惜一切代价要做到1万付费学员。

我们要这个标签，这个标签会带来非常高的势能，这是一个花钱买不到的关键资源。因此，我们把有限的资源全部用在促进购买上，确保能达成目标。我甚至想过，万一现金流出现问题，我自己倒贴钱也要搞定这件事。

事后复盘，证明这件事我们做对了。这个标签被业内所有人都记住了，我们取得了行业领头羊的势能，这个势能让我们成为很多人关注和研究的对象，得到了大量的免费报道，还在很多公开出版的图书里面被提及，也被中欧商学院纳入在线教育的案例库。

有了这个标签，我们的发展才变得顺风顺水。在2015年，我们是第一个把单门PPT课程做到2万付费学员的团队；在2016年，我们是第一个把Word单门课程做到1万付费学员的团队；在2017年，我们是第一个把Excel单门课程做到1万付费学员的团队。目前，我们是国内唯一能把Word、Excel和PPT这3门Office类课程全部做到单门课程的付费学员破2万人的团队。在2018年，我们的Office图书矩阵搭建完成，销量破百万册；在2019年，我们的Office短视频矩阵"粉丝"破千万，播放量破10亿；在2020年，我们的Office新媒体全网分发内容矩阵建设完成，几乎得到所有互联网主流平台的支持。

现在，任何人要在Office的赛道做到第一名，就得先把我们拉下来。问题是我们抢第一的时候，没有遇到对手。今天这个赛道上已经有好几个对手，没等你把我们拉下来，老二、老三就先把你拉下来了。

现在，我们有一定的品牌领先优势，也有了一定的团队规模，还在快速发展，就更需要稳健的现金流。这个阶段，钱对我们而言，就成了持续保持领先地位的关键资源。

有了钱，就可以招聘更多的人才，孵化更好的产品，投入更强的推广资源，使品牌持续领先。如果不是在创业初期拿下第一名的标签，就算大家赚到钱也没有意义，只能是赚了小钱，输了大局。

在2015年，还有一件我意料之外的事对公司发展起到了非常重要的口碑宣传作用。

当时有个朋友通过关系找到我，问我能不能给一位市委领导做PPT。我知道给领导做PPT很可能要花很长时间，但还是答应了，让团队中"90后"的小伙伴来制作。后来我才知道这个PPT是用于一个非常重要的大会。当这份亮眼的PPT发布时，全场轰动，参会人员纷纷拿出手机拍照，在朋友圈刷屏直播，新闻媒体也来采访，一时间"'90后'给市委书记做PPT"的新闻满网都是。这条新闻的传播给我们带来哪些潜在的好处呢？

（1）让我们的同期课程销售业绩提升了10%以上，并有1个月左右的持续效应。

（2）我们经常被点名要求做政府会议PPT，给公司带来了一些收入。

（3）因为这个标签在体制内被认可，打通了一些平时不会接触到的人脉。

（4）这个标签使我们的PPT项目在参加创业大赛时有优势，因为评委都知道这个项目。

这件事让我真正体验到了爆款新闻是如何给企业带来公关效应的。这种公关效应相当于免费广告，的确无法用钱"买到"。

在移动互联网时代，经常出现的一个名词叫"爆款"，还有人写了本书就叫《爆款思维》。因为在小屏时代，屏幕能展示的内容有限，大家的注意力集中于头部，也就是爆款内容，资源也向头部聚集。不成为头部，拿不到资源，就会丧失竞争力。

一旦明白这个道理，我们就很容易理解为什么过去很保守的企业也会频繁地让创始人的相关新闻出现在头条，他们是意识到了出现在头条这件事极具价值。

正如电影《马戏之王》的原型巴拉姆所说："一旦你吸引了人们的注意力，绝对不要让它溜走，如果观众的目光转向其他人，那就是你的损失。"资源是不会轻易关注到你的，除非你成功吸引了资源拥有人的注意力。

这个时代，每个品牌都在拼命争夺注意力。抓住潜在用户的注意力，进入他们的心智，是企业从竞争中胜出的关键。能够占据用户心智的资源，就是企业需要经营的关键资源。

3.2 把品牌当作关键资源经营

现在经常出现一个词叫消费升级。国民收入到了一个阶段之后，大众有能力消费更有品质的产品和服务，消费升级的现象就出现了。而用户选择产品和服务的重要依据，就是品牌。

在用户心智的战场上，谁有品牌，谁就赢得更轻松。品牌是当下企业经营的关键资源。

在农业市场，太多好的原产地产品因为缺乏品牌，难以形成销售势能，而褚橙从来都不愁卖；在制造行业，很多企业已经打造了自己的知名品牌，但是依然有巨大的细分市场可以容纳有进取心的企业；在服务行业，绝大部分服务细分领域缺乏全国性的知名品牌。

小米旗舰店不仅仅在做产品、做品牌，还在通过服务建立自己和用户之间独特的联系，将品牌直接植入用户心智。

移动互联网的兴起，让电商取代了传统店面；消费升级的兴盛，服务业凸显了线下体验的价值。未来的10年，是门面经济开启的10年。只是今天门面的定义不再局限于线下店面，而是一切让你可以近距离触达用户的地方。

今天，不管在哪个行业，围绕产品和品牌讲故事的能力越来越重要，因为故事能更好地让用户近距离感受到品牌的温度，而温度恰恰是一个好品牌的核心要素。

你会发现，几乎所有的技术手段都在为品牌故事服务，如文案、音频、视频、综艺节目、图书、广告……不会讲故事的品牌会慢慢被更会讲故事的新兴力量取代。

人，是故事最好的载体。这就是企业代言人的价值——通过代言人的个人品牌故事，彰显产品或是企业品牌的温度。

如果找不到合适的、有个人品牌的代言人，创始人往往就要亲自讲述自己的故事，为自己的事业代言，将故事的拥趸转化为产品的消费者和传播者。现在流行的内容电商，遵循的就是这个逻辑。

我认为：

内容电商＝IP故事＋"粉丝"经济＋消费体验＋社交传播

什么样的故事足够有吸引力？自然是做出了不一样的成绩。因此，要集中优势资源搞定一个亮眼的成绩，进而创造属于自己的、独一无二的势能，之后就能利用这种势能整合商业资源，不断巩固自己的商业竞争力。这个小循环持续做，势能就会一圈一圈累积到经营的品牌上，成为企业的核心竞争力。

我把这个过程称为"做牌"——一张一张牌慢慢攒，最后"胡"一把大的。

为什么有的人擅长经商，有的人只擅长做买卖？因为擅长经商的人一开始就有品牌意识，做买卖的人只是在赚一波波的快钱。

这里我讲一个自己的故事吧。

2016年年初，我就萌生了写一套"新媒体营销"教材的想法，当时找不到合适的团队来写。2016年5月，人民邮电出版社的编辑专程来武汉约稿，希望我写一套新媒体系列教材。我想了想就答应了，因为我知道我拿到了一张好牌。

出版社的教材出版合同是一个稀缺资源。于是，我给邀请来一起写书的小伙伴讲了一个关于眼光的故事。

"每个人都知道各行各业缺少新媒体人才，社会上各种新媒体培训班也层出不穷，你们做新媒体，想在这个领域后来居上非常难。但是最大的人才培训市场不在各种社会培训班，而在传统教育。"

"新媒体教育最大的市场在哪里？在高校。高校开设新媒体课程需要什么？需要成套的好教材。高校老师写新媒体教材有什么挑战？新媒体变化太快，他们不能像一线从业人员反应那么快。那么如果我们去组织一线人才加速写出教材呢？我们就能打开高校教材市场。如果我们能打开高校教材市场呢？职业教育的大门就将为我们打开。"

"'新媒体营销'系列教材将成为我们的标签，成为我们撬开整个市场的一张王牌。就算没有撬开，你们至少也系统总结了自己的知识，有了一本图书，而且是高校教材作者的身份，还有稿费可以分，怎么说也不是亏本的买卖。最重要的是，作者们都有全力以赴、赌这一局的勇气。"

这个故事打动了很多人，书顺利出版后，市场反馈很好，坚定了小伙伴们继续写作的信心。2017年年底，我们已经正式出版了该系列教材中的10本，还有2本已经完稿，2本在加紧写作中。这10本教材一出来，就填补了市场空白，赢得了高校认同，只用了一年的时间，就覆盖了超过500个高校的新媒体相关专业。

凭借这套教材的势能，我们一举拿下了：

◆ 京东经管类图书2017年前30名中的6名；

◆ 人民邮电出版社2017年精品图书的名誉；

◆ 教育部电子商务职业教育教学指导委员会网络营销专业国家教学标准起草组专家成员的头衔；

◆ 电子商务协会和阿里大鱼号联合推出的新媒体运营师认证指定教材；

◆ 上市公司北京神州泰岳软件股份有限公司旗下的北京神州泰岳教育科技有限公司的高校新媒体实训基地建设指定教材；

◆ 上市公司北京博导前程信息技术股份有限公司的新媒体实训软件系统指定配套教材；

◆ 上市公司安博教育集团旗下的长沙牛耳软件学院的职业教育课程体系开发合作合同。

我们很多作者也因为教材畅销开始有了个人品牌影响力，受邀参加各种线上线下的分享和企业内训，积累了培训授课的实战经验。现在围绕这套教材凝聚的势能，我们把教材推进了1000所高校相关专业，升级成15本系列教材，和"1+X"证书培训评价组织合作，打开线下内训和高校认证市场的大门。

也因为有了教材带来的个人影响力积累，我们做企业内训课程，一起步就可以提供整体解决方案——**商标保护＋知名讲师＋版权课程＋配套教材＋认证体系＋分享课件＋合作方案。**

因为带着品牌运营的思维切入这个市场，所以我们打出的势能完全不同。

如果没有拿下高校覆盖率第一的"新媒体营销"系列教材这个标签，我们就很难讲一个好听的故事，也很难吸引这么多机构和我们合作。一旦这些机构开始和我们合作，只要我们努力不懈怠，就可以通过整合资源让自己变得更强大、更有竞争力，慢慢把秋叶新媒体营销这个品牌做大做强。

在新媒体内训领域，什么是关键资源？不是老师，现在各种名头的老师太多了；也不是钱，花钱砸广告也很难让市场接纳新老师。要进入内训市场，进入全国各大培训机构的推荐讲师名单才是最关键的资源，他们推哪个讲师，哪个讲师就容易成功。好在通过"新媒体营销"系列教材，我们打造了讲师知名度、教学体系，并获得一系列官方及上市公司的合作，这为我们与全国培训机构开展合作打下了基础。

在各种行业，都需要思考在哪里能找到匹配的关键资源。有了关键资源，才能链接比你强大的资源，才能让优质资源为你所用。找关键资源也不一定是商业的最终目标，而是为了搭梯子，借势能，实现跃迁。

当然，在这个过程中，创始人和团队需要高速成长，使"势能"得以生根、落地、茁壮成长，否则起来得越快，跌落得也越快。

3.3
如何发现企业内部的关键资源

很多人觉得自己的企业没有钱就没有资源，这样想是不对的。现金储备、品牌都是企业运营中的关键资源，这些资源的权重甚至更高。

要发现关键资源，先得建立企业关键资源视图。这张视图包括如下5个要素。

1．创始人的头脑

空谈创业者的勇气，不如谈谈创业者的资源互换能力。好的创始人，能用一根火柴一步步换回一头大象，还能让每一个交换的人都开心。不是说创办了一个企业你就是企业家，你只有在不断学习、不断挑战、不断创新的过程中才能培养出企业家的头脑。

2. 你的产品

今天最容易触达客户的是产品。要让产品成为企业价值观的代言人，让用户接触到产品和服务的时候有超出期待的惊喜，让他们意识到这样的产品背后的生活理念，这些才是值得追求的。

好的产品拥有天然的打动用户的能力，这离不开精心的设计。不重视产品体验设计，只停留在产品功能满足层面，就是把产品弱化成了物品。今天，有品质的产品要传递的是理念和态度。为什么苹果手机的包装盒也能成为工业设计的典范，引起所有手机厂家效仿？因为苹果手机从包装开始就体现了品牌的理念——极简，但是又内含优雅的美学。

产品应该是品牌故事的载体。很多产品以为换一个吸引人的包装，放上一张温馨的小卡片，写上几句有趣的段子，就能够让消费者喜欢和追随，这显然是远远不够的。

工匠精神这几年突然备受关注，就是因为品牌的理念和态度，可以通过持续不断打磨产品的过程，一点点渗透并传递给用户，这不是一个包装、一张卡片就能替代得了的。

3. 你的团队

创始人需要切换自己评估企业资源的思维模式，我一直觉得"人力资源"这个词很好，人力是资源，但实际上，大部分老板看到"人力"时想到的是成本。

把人当作成本，就总想扣绩效，节约成本；把人当作资源，就总想用他们创造价值。

创始人有一流的团队，就有信心挑战高业绩目标。好团队给创始人信心，好创始人给好团队赋能。

团队可以有短板，但不能有缺板。有短板的木桶无非少装点水，有缺板的木桶装不了水。创始人要冷静地评估自己的团队，看除了规模之外，是否在关键岗位还缺合适的人。如果不提前做好人力储备，关键时刻一定会掉链子。

会经营人力资源的人，一定会一板多用。这就好比足球教练，会评估和观察每一个球员的技术能力，根据不同比赛和对手的特点，安排他踢不同的位置。而有的球员有特别适应的位置，有的球员则能胜任多个位置，团队里面要有能胜任多个位置的球员，关键时刻才能互相补位，应对人员变动带来的临时挑战。

好的教练在有选择的情况下，一定不会过度依赖一套阵容去踢球，会经常在不同位置测试不同球员的表现，这样在真正临场时他手里就拥有更多的选择。

比如，秋叶商学院的负责人江晓露，刚来公司的时候做线下私房课项目负责人，很称职。不过私房课也不是天天忙，是一阵一阵地忙。不忙的时候，我们就发挥她会计专业的特长，帮公司记账，速度比我们这些不专业的人快10倍以上。江晓露给公司解决了两个问题，当然也会收获更大的发展空间和更多的经济回报。

在创业阶段，团队规模不大，创始人需要深入了解每一个团队成员的能力优势和短板，不要只按岗位分工去使用一个人，要多多挖掘团队成员的能力和潜力，把这些能力组合起来，作为解决问题的资源。等公司大了，创始人依然需要了解核心成员的方方面面，创造性地使用人才，这也是激活人才的好办法。

一个人活成一个团队很累，一个团队活成百搭团队却很开心。

这就是节约人力成本，创造人力资源的奥秘。

4．你的口碑

为什么有的人出门借钱总能借到？因为他有信用。在商业社会，过去积累的口碑成就了创始人的商业信用，有信用的人当然更容易获得商业资源。

口碑也是一种关键资源。

互联网经济的发展正把我们带进物质丰饶的时代。不管哪个品类，人们都拥有丰富的选择。消费者为了做出好的选择，会看重产品的口碑。

虽说现在很多口碑是通过社交关系传播的，但社交传播有偶发性、随机性，很难精准地加以控制。除了社交关系网络，有很多消费者还会根据不同平台上的口碑评价选择自己需要的产品和服务。

社交媒体适合口碑扩散，但并不适合口碑沉淀。

很少有人会去微博上搜一个商品的口碑，也很少有人会通过浏览微信朋友圈或公众号文章去了解一种商品。反而是百度、各种购物门户网站、知乎、豆瓣这样的平台能够沉淀消费者对商品的口碑。在移动互联网时代做产品，一开始就得思考：如果新的消费者要了解我们的产品，他们会在哪里搜索？他们会搜出怎样的结果？

秋叶PPT从第一天运营开始就定义了交作业的微博话题"和秋叶一起学PPT"，

现在每门课都有自己的话题。这样潜在学员只需要点击话题标签，就可以看到很多微博作业，这些作业质量如何、老师有没有点评都一目了然（见图3-1）。

图 3-1　和秋叶一起学 PPT

这个话题的阅读量累积已经达1.2亿，这是一个很让人吃惊的量。很多创始人团队一开始就没有设计口碑容器，更谈不上对口碑进行管理和运营，如果我们持之以恒地做正面口碑的网络沉淀，时间长了，公开可见的海量用户口碑就会成为产品势能的加分项。

今天视频号可以提交视频话题，能否在视频号平台上复制同样的玩法，积累自己的品牌势能，这是可以深挖的课题。

5．你的品牌名

一个好听的名字对用户的吸引力不言而喻。今天，在创业一开始就应该重视品牌资源，首先要定一个好听又好记的品牌名，以降低运营推广的成本。

好的品牌名至少要符合如下条件：

（1）商标可注册（文字和图案）；

（2）主流自媒体平台（如微博、微信）可保护；

（3）主流搜索平台（如百度）的搜索结果比较干净；

（4）主流电商平台无同名卖家。

有的创始人团队不太重视这个工作，等把事业做到有点规模了，才突然发现一直在用的品牌早被人注册了商标，自己成了侵权方，这个损失就很大。越是竞争激烈的行业，想出一个吸引人的品牌名就越难，这样的名字也就越值钱。

秋叶团队曾经想进军宝妈图书赛道，先在内部召开头脑风暴会，想了很多水果、动物、点心、姓名、正能量＋妈妈的词汇组合，发现都无法注册。被逼无奈之下，我们注册了"妈妈是个好职业"商标，这个商标相当不好，会引起一部分妈妈反感，还得引导一部分妈妈接受这个观念，导致品牌推广成本很高。

既然这样，我们为什么还要注册？因为当时我们快绝望了，十几个人都想不到可以用的好名字。最后我们花了大价钱请专业人士取了"妈妈点赞"这个名字，感觉很棒，一搜，没有人用，就赶紧去申请商标，将它保护起来。

"点赞"这个词妈妈都不会抗拒，所以"妈妈点赞"系列图书自带能量。未来我们很容易拆分出"妈妈点赞学××""妈妈点赞吃××""妈妈点赞玩××"，都自带电商属性，对品牌运营会非常有帮助。

3.4
如何发现企业需要的外部关键资源

创业到一定阶段，有两个方向性的选择：专注和多元化。不论选择哪个方向，都考验调动外部关键资源的能力。

比如渠道，能帮你稳定卖货的渠道就是要一个个去合作的关键资源。顺便说一句，很多内容创业产品，到处约分销的不是关键资源，因为人家和你就是一次性广告服务合作，没有建立稳定卖货的合作关系。

比如能帮你优化成本的顾问或公司，对于竞争高度成熟的行业，借助优质外脑节约自己的成本，就是获得竞争力的关键资源。创始人如果深刻理解了自己公司的成本结构，就处处都能链接关键资源。

比如能给你带来潜在机会的人脉：来得早不如来得巧，泡对圈子比见投资人还有效。不过，建议泡圈子之前，要多见客户，多做产品，"磨刀不误砍柴工"。如何找到自己企业需要的外部关键资源呢？

（1）站在优化成本的角度，看看你的供应链，问一问自己：供应商能为我提供什么？

（2）站在做大市场的角度问一问自己：我的合作伙伴能为我提供什么？广告投放主能提供什么？渠道合作方能提供什么？活动组织方能提供什么？

（3）站在长远发展的角度，问一问自己：我的朋友能为我提供什么？

我们说创始人要少泡饭局，但是要混圈子。不在一个圈子混熟，好资源你就拿不到。混圈子，只为找人脉。

缺什么资源，就约什么圈子里的人，在圈子里请教有经验的人，好资源就拿到了。现阶段不该拿的资源，就少为它浪费精力。比如，业务模式没跑通的时候，就不要花费大量时间去约投资人。

每个行业都会遇到各种各样的合作伙伴，只要你用心去思考对方的业务长处，就能发现大量需要的资源。比如我们团队负责高端社群的小伙伴，擅长做线下活动，我们就意识到其可以链接到这些线下活动资源：

◆ 在北京、上海、广州、深圳、武汉等城市能快速找到可容纳200人左右的优质活动场地；

◆ 能快速找到一流摄影师；

◆ 能快速找到靠谱的速记师；

◆ 能快速找到活动背景墙等物料的供应商；

◆ 能快速找到蛋糕店等礼品供应商；

◆ 能快速约到当地的"大咖"嘉宾；

◆ 有靠谱的线下社群工作人员；

◆ 有专业的活动流程策划和物料清单；

◆ 有愿意赞助惊喜福利的供应商。

如果创始人有资源敏感度，团队也会慢慢养成这样的思考习惯——当看到别人做出了漂亮的成果，一方面发自内心地祝贺别人，另一方面也会思考："这件事情别人做到了，他用到了哪些资源？有没有我能想到但是不能链接到的资源？"如果答案是"有"，那么就可以记下来，看谁那里可能有我需要的资源，平时做好感情维系，关键时刻就可以去问或去请别人推荐。

很多创始人做的业务很了不起，但是没有认真思考完成这些业务调动了哪些资源，或者这些资源能否为我所用。

从同业竞争到不同供应链体系的竞争，这是经营格局的跨越。

认真去思考别人有什么、你有什么，就会发现和业务合作伙伴之间存在大量的链接点，也许在一个资源上你帮助了你的合作伙伴，他的回报就是给你的核心业务提供更好的资源支持。

我们的职场付费课程都放在网易云课堂上，网易这样的大公司，做互联网业务有自己的独特优势，如果仍拿微信公众号自媒体的打法去期待在网易云课堂上也这样干，肯定走不通。

但是网易这样的大公司，肯定也有外部没有的资源。当初和网易云课堂合作时，我认为这样的平台型企业，一定会有年度营销预算，营销预算一定会选择重点扶持的合作伙伴，但如何扶持合作伙伴，对于在线课程这样的新兴行业，他们一定也缺乏明确的方向，毕竟都要试错。所以我主动去杭州和网易云课堂负责人面对面沟通，提出了一个业绩阶梯考核奖励：我完成多少业绩，云课堂就给我们团队对应的奖励。对方答应了。当时，普通团队想到的是和云课堂谈分成比例，而我想到了把自己的业绩和云课堂经营的KPI捆绑——当你的业绩能影响他们经营业绩核心指标的完成度时，你自然能争取到更多的资源。

我们帮云课堂冲业绩，云课堂给我们营销政策支持，这就是双赢。

从这样的角度出发，我发现云课堂拥有我们业务需要的很多资源：

◆ 网易云课堂有品牌优势，这使得我们的项目更容易被主流媒体认可；

◆ 网易云课堂有年会颁奖，这使得我们的项目可以得到官方认可和表彰；

◆ 网易云课堂有法务部门，这使得我们的课程被侵权、需要打假时，可以请他们进行法务的专业沟通；

◆ 网易云课堂有公关部门，这意味着我们可以写出好的公关文，请他们的渠道代为推广；

◆ 网易云课堂有专业视频拍摄团队，这意味着我们可以用他们的视频拍摄团队拍宣传片；

◆ 网易云课堂有很多广告位，这意味着我们要系统研究他们的广告位，争取最大的流量支持；

◆ 网易云课堂有很多优质的老师，这意味着我们可以通过云课堂链接很多优秀的老师进行合作；

◆ 网易云课堂需要开设新课，这意味着我们可以推荐优秀老师与云课堂合作，两边都满意。

有时候，你的合作伙伴手里有一把好牌，但他们可能没有意识到，你主动帮他们把牌理顺，等于也给自己创造了拿到好牌的机会。2017年，我注意到京东推出京东教育，动作频频，我认为这意味着未来京东有潜在的流量，不抓不行。所以我配合网易云课堂，和双方高层对接，建立项目小组，希望早日在两个不同平台上打通流程。我甚至主导在北京召开三方会议，启动项目小组。

京东非常希望网易云课堂这样的平台用户通过京东支付完成消费流程，网易云课堂也希望让京东用户流量多一个选择，双方一拍即合。第一次合作必须一炮打响，作为帮忙穿针引线的秋叶PPT团队，自然也得以在京东教育大幅Banner广告位上推荐课程（见图3-2）。

图 3-2　秋叶 PPT 与网易云课堂、京东教育的合作

这就是帮人又帮己，虽然打通流程会多付出一些精力，但作为领头的企业，就是要率先走出路来，拿到先行者的红利。

和外部资源合作，让供应链的能力为你所用，顺势进入新的生态圈，让自己的事业长出根，绑成绳，这才叫稳固。

在谈到借助外部关键资源发现事业发展机会时，个人品牌IP营的@萌萌麻麻给我们分享了她们团队的故事。

我们是一个没有自带光环的创业团队，如果要说最开始有优势的话，就是技术团队了。因为有技术做后盾，我们的课程产品突破了视频和音频这种传统的直播或录播形式，采用更适合孩子的游戏模式，包括点读、闪卡、电子翻页和跟读自动评分。正是这一系列的功能设计打动了我们的第一个合作者——台湾地区一家出版社的总经理。他让我们在没有资金投入的情况下，完全用课程设计的想法换来了独家的版权内容。随后，我们在最近的1年多时间内，把该出版社的一套英语启蒙图书内容成功地引入App，还成为他们这套书中文简体版的独家代理。

还有一家做得比较大的外文图书引进方，他们前年引进了一套韩国的英文绘本，非常有特色，市场上累计销售了十几万套。但是那套书没有配备动画视频，也没有对应的中文翻译和内容讲解，对于英文基础一般的家长来说，接受起来会有困难。于是，我们在多方努力下最终取得了他们独家的App课程设计权，设计并录制了广受好评的动画视频，并为每一本书配套了父母导读资源，方便父母为孩子精讲图书内容。通过这个合作，我们获得了这套"网红"绘本的品牌资源、引进方的渠道资源及推广资源，同时也丰富了我们自己的课程资源。

3.5
培养你的超级用户

超级用户正在成为企业的关键资源争夺点。

尼尔森全球广告信任度报告指出：与其他形式的广告相比，92%的人更信任家人和朋友的推荐；70%的人相信在线消费者的评论。这些起到消费引导作用的家人和朋友，或者一些知名的在线评论者，今天被称为"超级用户"。

艾迪·尹在《超级用户：低成本、持续获客手段与盈利战略》[①]中写道，在美国，多数人只有一个订书机，但订书机的"死忠粉"们平均每人有8个订书机。令人意想不到的是，相比那些需要更换订书机或遗失订书机的"普通"用户，这些"死忠粉"的需求更强，购买第九个订书机的可能性更大。

在秋叶私房课上，我也发现很多学员的事业是从一项私人爱好起步的。有的人热爱编织，有的人喜欢整理，有的人擅长化妆，有的人长于育儿。他们不但自己喜欢，还乐于分享，慢慢就成为身边圈子里深受信赖的专业人士。得到正向反馈之后，他们会更积极地尝试新的产品、新的工具、新的品牌，发现其中有个性、有特点的，就会在自己亲自体验之后给身边的朋友或者"粉丝"推荐。

在打造个人品牌的过程中，我发现这样的人是天然的"种草机"，他们看似非常普通，但也可以成为品牌的超级推销员。在淘宝上，无数商品可以分销，也就是说，你觉得一个商品好，推荐给朋友，对方购买成功，你就会自动获得一笔销售的分成收入。这种推荐和利益捆绑机制让无数热衷购物的妈妈们发现，一个普通人只要在某个领域慢慢建立起很会买、很会用的个人品牌，就可以影响一批人跟随自己购买，从而获得持续的收入。

如果每一个品牌都支持这种分销模式，商业的逻辑就又回到产品和体验的竞争了，这些特别会推荐的妈妈将成为优质产品的超级用户，她们会亲自体验某个新产品、新品牌、新功能，对同类产品或者品牌如数家珍，从普通用户成长为专业人士，形成独特的号召力。

这意味着，未来更多有生活阅历、有专业积累的人会走到聚光灯下。他们不见得年轻，但是他们展示出了在某个领域的专业度，并拥有了很多人期望的品质生活。出于对专业度的认可和对生活品质的喜爱，他们的"粉丝"会更容易追随购买。

尼尔森的调研发现，尽管人数不多，但超级用户能对公司的盈亏产生举足轻重的影响。客户总数中，超级用户仅占10%，但他们能够将产品销量拉升30%～70%。和普通用户相比，超级用户愿意在产品上花的钱要多得多（见图3-3）。

---

① 艾迪·尹. 超级用户：低成本、持续获客手段与盈利战略 [M]. 王喆，余宁，译. 北京：中信出版社，2017.

图 3-3　超级用户的影响力

　　超级用户和品牌代言人的一个关键区别是，超级用户是先热爱自己喜欢的产品，以致他们愿意为好产品或好品牌消费，他们在推荐这样的好物好货时，不觉得是推销，而是在向身边的人分享更好的生活方式。

　　超级用户首先是超级消费者，然后也是超级生活家。围绕超级用户，会形成一个又一个小而美的社群，在社群里大家可以讨论一切话题，很容易形成各种各样的群体性购买热潮。

　　只要今天在做红海市场的生意，就必须意识到发掘"准超级用户"的重要性，和他们一起成长，构建事业的"护城河"，这也是企业赢得未来竞争的关键资源。

　　优质的超级用户不仅仅有专业的体验意见，更重要的是他们能使得专业体验分享过程变得有趣。这种趣味也许是通过他们的聊天对话，也许是通过朋友圈照片和文案，也许是通过短视频创意得以体现的。总之，除了专业，还要有趣味，这样才能吸引更多人关注他们，认同他们，进而选择他们推荐的产品。

　　未来，一群超级用户将具备快速捧红一个新产品、新品牌的能力，他们正成为越来越封闭的社交互联网上的口碑节点。

超级用户＝专业体验＋创意分享＋社交传播＋产品分销

　　得到品牌运营商支持的超级用户会越做越大，最终成为超级自媒体，转入商业化运营，甚至直接成为电商运营者。

以教育为流量入口，以社群为情感纽带，以电商为持续转化。这就是超级用户玩法。

目前，依然有大量处于腰部的超级用户，如果在某个领域整合这样一批超级用户，就可以用更低的成本打通品牌的推荐链条。未来谁更擅长整合超级用户，谁就更能赢得社交电商。

罗振宇认为，流量经济时代过去了，流量越来越贵，越来越被头部公司把持，一个新的创业公司要想崛起，没有流量，就只能改变玩法。创业公司不能再聚焦于招来陌生用户，而是要"转身向内"，识别出"超级用户"，用心服务，创造归属感、认同感、荣耀感，为企业品牌创造口碑"护城河"。

超级用户，是今天面向个人消费者品牌的关键资源。

3.6
课堂复盘讨论：我是如何创建新媒体商学院的

虽然前文说过"新媒体营销"系列教材的故事，这里我还是想详细地分享我们创立新媒体商学院的故事。

从2016年6月到2018年6月，两年时间内我组织了一帮小伙伴，和人民邮电出版社合作，一口气出了14本有关新媒体的图书。书出版后非常受欢迎，一下子冲进了畅销榜，这就让我获得了链接更多资源的第一步势能。

在人民邮电出版社的帮助下，我策划了详细的与教材配套的教学大纲、教学PPT、32学时教案，方便高校老师开设课程。这些服务非常受高校教师欢迎，到2018年上半年，已经有超过500个高校的新媒体相关专业选择我们的图书做教材。打开教材市场，让我获得了链接更多资源的第二步势能。

凭着畅销书打造的势能，我去电子商务协会给副理事长汇报工作，争取到电子商务协会选用我们的书作为新媒体运营师认证课程的推荐教材的机会。这就让我获得了链接资源的第三步势能。

凭着新媒体运营师认证课程的推荐教材资格，我又找到阿里大鱼号的朋友，撮合了阿里大鱼号和电子商务协会联合颁发新媒体运营师认证证书，这样新媒体运营师认证证书就得到了行业协会和领先企业的双重认可。电子商务协会也很满意我们图书的口碑，并让我们承担了新媒体运营师认证的考试大纲的编写和部分考试题库的建设工作。这就使我获得了链接更多资源的第四步势能。

凭借着我打出的这一组合牌，我组织新媒体教材的作者们，一起成立了新媒体商学院，在两个月内就吸引了上海、北京、深圳、厦门、成都、重庆、杭州7个城市的合伙人合作，顺利展开新媒体商学院全国公开课的招生工作，为新媒体商学院打响了第一炮。

凭借这一系列快速突破的成绩，我也顺利得到了所有小伙伴的支持，让他们放心和我签独家合作协议。我们借助市场的势能让小伙伴成为我们独家的资源，这些人才又成为我们征服市场的最大优势。

从写一本书开始，我一步步获得势能，放大链接，最终启动了一个创业公司，并快速形成自己的行业影响力。这一切的起点就是图书。

请大家不要狭义理解势能和上升平台，不要以为只有互联网才是广阔天地。在我们新媒体商学院成立不足2个月（45天）的时候，我思考了一下我们第一课中讲的"路径规划三问"：

用一个行业的经验，借一个行业的势能，再进入一个上升的行业，打造一个靠谱的公司，这就一个好的创始人应该面对的挑战。

用一个行业的经验：你有哪个行业的经验？——擅长新媒体和社群运营培训。

借一个行业的势能：你准备借助哪个行业的上升势能？——现在最好的行业是保险行业。在这个行业，有没有人做教育？当然有，而且做得很好，比我们的规模还大。只是我们不在这个行业，不知道而已。我们要做的工作，就是去找到这个行业，抓住内容创业的上升平台或企业。后来，在保险行业，我们通过金牌代理人赛美链接到宋晓恒博士的恒通国际私人财富研究院，我们两家马上接触并建立合作伙伴关系。很快，恒通国际私人财富研究院给我们安排了一系列全国保险人线下内训的合作机会，这个市场我们一下子就进入了，大家实现了双赢。

所谓资源链接，原来是草蛇灰线，伏脉千里。

当然，也要给大家汇报一下，好的开局不等于一定有好的结果，一年后新媒体商学院的发展遇到了瓶颈。原因很简单，我希望新媒体培训要耐心开发B端客户，做B端市场，但当时小伙伴的个人品牌刚刚起步，都希望能够借助个人品牌在C端市场有所作为。这使得我们团队缺乏共同的愿景和打入B端市场的长远发展规划，导致很多图书作者希望个人品牌发展优先，这就很难去做B端市场。

所以我只好选择另外找人去做企业内训市场，也逐步把这个业务做起来了，但我的确没有利用好开局，这也说明创业这件事是很复杂的，总是要"踩坑"的。

第4章

员工成长及福利规划

对普通员工，企业要为他们创造安全感；对优秀员工，企业要为他们搭建事业的舞台。不用逼普通员工成为事业狂，也不要有意无意地为优秀员工的成长设限。

4.1
重新认识新一代员工的需求

规划员工的成长体系，这是创始人的必修课。一个优秀的创始人一定会带出一群优秀的人，也必然要赢得一群人的跟随，但我们首先得了解这群人。

常常有人说"90后"员工越来越不好管了。别说"90后"了，现在新员工都是"95后"，马上就是"00后"了。为什么感觉他们不好管了？因为他们的确和"80后"不太一样。

首先，他们是中国第一代从小到大在物质和精神上都免于匮乏的人群。

"70后"小时候普遍经历过凭票供应，大多连电视都没看过。"80后"小时候，中国的精神文化市场正在形成，大部分人都有一起看一部电视剧的回忆。1998年《还珠格格》大热，2004年《新白娘子传奇》重播大热，在我的记忆中，从此很少再出现这样的全民追剧热潮。

"90后"从一出生就有了电话、电视、汽车、电影、动漫、游乐场，现代社会应该有的物质生活条件和精神生活条件一下子就齐全了。这些孩子生活在中国有史以来物质和精神最自由、最多元化、最个性化的时代。

其次，他们是中国第一代总体上是独生子女的人群。

这又是一个深刻的变化，特别是在城镇家庭，独生子女普遍，有两个孩子的家庭很少。独生子女往往自小就得到整个家族的爱，众星捧月，无人争宠。这种成长环境让他们养成了一种"我要什么，就有人给我"的期待。

我们都知道延迟满足感对一个人成长很有好处。我小时候要得到一样喜欢的东西，比如一件新衣服，有时候要等到新年。我的父母并不懂得延迟满足感的好处，他们之所以这样做，只是因为那个年代穷。今天的家长大多读过书，知道很多道理，但是谁会等一年才给孩子置办一件新衣？把最好的东西马上给自己的孩子享受，再苦也不能委屈了孩子，这才是今天的主流。

独生子女在成长过程中常感到孤独。从小没有伴还不算是最让人担心的。留在农村的孩子，因父母外出打工，成了留守儿童；留在城市的孩子，因父母忙着上班，成了托管儿童。陪伴，充分的陪伴，反而成了孩子成长过程中最稀缺的。

孤独孩子的内心往往会不安定，害怕被抛弃，容易出现两种心态：一种是通过占有缓解内心的不安定感，对喜欢的东西，他会忍不住买买买；一种是送送送，因为他们不知道如何与别人沟通、如何表达爱。

对很多独生子女而言，物品不珍贵，他们对你付出的信任很贵。

另外，他们是中国第一代在互联网环境下长大的人群。一人一部智能手机，网络聊天、网络视频、网络分享、网络购物，这不是很正常吗？我们教育这代年轻人要断网，问题是他们这代人生活的每个细节都植入了网络，需要拥抱网络的是我们，他们不过是习惯了有网络的生活环境，就好像我们这代人很难接受没有电的生活环境一样。一旦习惯了网络时代，宅在家里，用表情包表达自己的情感而不是用更优雅的语言，就变得再正常不过了。

不差钱、有孤独感、宅，这一代人的确不同。除了物质激励，能否更重视他们的精神需求？除了工作交流，能否主动去打造陪伴型团队？除了正式汇报，能否主动利用网络与他们沟通？管理这样一代员工，我们需要快速跟上时代的变化。

今天的年轻人习惯通过网络和我沟通，我没有觉得这样有什么不妥，适应时代就好。

但是我也的确有适应不了的地方，比如：

习惯网络沟通的年轻人，往往把一件事分几次说清楚，而不是一次讲清楚要做什么，导致沟通效率很低，我需要多次培训5W2H，纠正他们的习惯。

习惯"宅+外卖"生活的年轻人，缺乏反馈的习惯，我很难指望他们"事事有反馈，件件有落实"，他们习惯按自己的理解做事，认为做完就结束了，主动汇报对他们来说比较难。

特别麻烦的一点就是很多人害怕承担压力，或者在挑战一件事情的时候内心活动太多，非常纠结，而不是想清楚这件事该怎样推进，然后逐一落实。

当然，我们不能用一个简单的标签去贴今天所有的年轻人，很多年轻人从小生活在物质相对丰富的时代，更想追求个人理想的生活，不会满足于公司给他们安排的单一或狭隘的发展路径。但也正因为从小生活环境相对优越，这些年轻人缺乏足够的从底层跃迁的欲望，在面临大挑战的时候，在压力面前会显得信心不足，这对公司管理构成了巨大的挑战。

对年轻人严厉了他们会选择离职，对年轻人包容了他们会自律不够，这个管理的尺度比较难以把握。

4.2
给员工成长空间不如给员工安全感

很多企业的管理者和员工谈话，动不动就说"公司会给你充分的成长空间"。我觉得这种话说说就好，在创业阶段不能太当真，因为公司的未来是干出来的，不是承诺出来的。

其实，有些行业目前是在中速甚至低速增长，甚至没有高速增长的空间。企业没法儿高速发展，哪里来的成长空间给员工？新员工进入很多行业时也不要太乐观，我们国家的很多行业现在可能进入了一个相对稳态的发展阶段，收入提升没有那么容易。

这些年轻人也希望过上更体面的生活，让家人放心，让自己的抱负有机会实现，他们也愿意为了梦想坚持付出和奋斗。但留在大城市奋斗的年轻人，绝大部分都要面临高房价的挑战，高房价放大了每一个人内心的不安全感。

在整个市场进入存量市场，进入中低速增长，社会进入高房价、高物价时代之后，我们需要彻底反思员工成长体系的合理性。不要简单地给员工发薪酬、谈成长，而是要想想，做什么会让他们有安全感。在这一点上，我特别理解华为、格力这样的公司早早给公司职员做安居房的行为。因为它们都想通了一点：**不要**

只和员工谈薪酬，要谈回报机制。

绝大部分好公司的成长速度要对抗的不是市场，而是房价——留不住核心员工的公司是没有发展后劲的。

我认为创业公司员工成长规划的核心关键词，是**"营造安全感"**。

在创业公司，大部分普通员工不是缺成长空间，而是缺安全感。什么是安全感？公司有清晰的使命，创始人有好的价值观，产品业务线清晰，团队配合给力，新员工有人带，业绩干得好有回报，这就能给员工安全感。

员工有了安全感，就容易踏踏实实地钻研业务，而不是想着这里钱少，买不起房、结不了婚，这山望着那山高，总想跳槽。

今天，有些年轻人想法偏激，而好的事业需要一群人心态平和地坚持做。在第一课我就提到，我创业的初心很简单：带着一帮小伙伴做有长期回报的事情，让跟着我创业的人都有安全感。

作为拥有个人品牌的创始人，我在给员工安全感上有经验，也有教训。

团队刚创立的时候，我会告诉新进来的员工：你除了能够靠自己努力赚到比原来高很多的薪水之外，还能有各种链接牛人的机会、独当一面组织工作的机会、出国团建的机会，在办公室甚至还有看不完的书、吃不完的零食。

如果发现员工身体不舒服，我会要求他马上停止工作，安排人陪同他去医院检查，哪怕这样做会暂时耽误重要的工作。员工家里有人生病，我会让他以家人为重，反正工作是干不完的，陪伴亲人的时间反而是有限的。

更重要的是，通过这些小事，员工都相信公司会在他们人生最需要帮助的时候，出手替他们解决最麻烦的问题。比如买房，公司可以出台政策，让大家有机会在房价上涨期快速搞定首付，然后慢慢还。

我给了员工一个具体又清晰的预期：一起踏踏实实工作7年，你在这个城市不可能连个自己的房子都没有。我还会帮大家留意各种投资买房的机会，让大家不仅学会赚钱，也学会理财。我觉得这比单纯给员工发薪酬更让人有安全感。

除此之外，我也鼓励员工同其他团队做对比——对比跟我们干一年，员工们都得到了什么回报，而不是简单地对比薪酬。

早期和我一起创业的秋叶团队小伙伴都存下了钱，不再是"月光族"，回老家过年也有了底气。

有安全感的员工会和公司一起努力，做出漂亮的业绩，个人也会得到快速成长，其他人看到他们的成长、羡慕他们的成长，这种来自他人的认同又会提升他们工作的安全感。

但是，公司做大以后，通过亲情去管理员工的方式就行不通了。人一多，很难给员工提供购房扶持这样的支持。何况规模大了，业务线多了，我们管理能力并没有及时成长，我自己成为公司发展的一个大短板。就因为我的管理能力不足，我更多依赖感情去管理创始员工，而不是严格按业绩去考核他们。又由于我自己有个人品牌势能，团队成员习惯于靠我个人来支持项目的运营，而忽略了通过市场锻炼，自我提升，独当一面去搞定业务的能力。

照这样下去，我就会成为企业经营的"天花板"，业务没有发展空间，团队成员也不可能有安全感。所以，我下决心引入成熟的管理者，由他们带着团队前进，放手让团队成员经历市场真正的考验。等团队成员有了独立操盘业务的能力，他们就会建立起更确定的安全感。

学完这一课，个人品牌IP营成员进行了激烈的讨论。

有朋友提了一个问题：怎样让努力的人更安心，让优秀的人更卓越？

我们个人品牌IP营的不同成员给出了不同的看法。

@妖胖儿：

让努力的人更安心，在我个人认知上，这是3个维度的事情。

（1）稳定的收入和合理的薪资回报。稳定的收入就是按时按点发薪，合理的薪资回报就是项目提成和年终奖要有一套科学的规范设计。

（2）让员工在相对稳定的团队中工作。频繁地调动员工会让人丧失安全感。

（3）公司层面上需要"画大饼"。"画大饼"包括薪资上的激励、公司业务的拓展和未来晋升路线的规划。

让优秀的人更卓越，我个人觉得最有效的方法就是给他钱，给他人，让他带着团队去打仗（做新的业务线，开疆拓土）。

@木木巧：

对努力的人，看他们目前的生活情况，一般不外乎有超出期待值的回报以及有发展的前景，这会让他们更安心。让优秀的人更卓越，我可能会考虑给他更多新的具有挑战性的项目，或者提供一些更能提升他的优势或者弥补他的短板的条件。这种激励不一定是钱，但一定要让员工觉得有价值，觉得他能行。

@秋叶：

在一个公司，让努力的人更安心，其实要从3点来考虑。

（1）从公司层面，你得让员工看到你的公司在所处领域始终能站在前沿位置，或者还有成长空间。

（2）从组织角度，你得让努力的人感到同工同酬、分配公平，有业绩要奖励。

（3）从个人角度，你得让努力的人受到同事的认同，不能让他做隐形人。

让优秀的人更卓越，其实要考虑两点。第一，你有让员工超越你的格局吗？第二，你有勇气带着大家征服星辰大海吗？

@KK花花：

首先要给更努力的人以前进的路。

（1）设定奖励、激励和晋升机制。

（2）公司和员工一起快速发展，公司要给员工更多的发展空间，在更有挑战性的事情上做好员工的后盾。

（3）多做团队建设，提供情感价值。

（4）提供刚才小伙伴说的保险等福利保障。

（5）多提供良好的工作氛围、环境和培训机会。

@张小桃：

每个人都需要安全感，但安全感的来源不同。它们的共性是确定性。工作的基本诉求是经济回报，职位晋升才是个人价值的实现。企业让努力的员工对经济回报有确定感，他们就会安心。至于经济回报的结构，根据具体情况来设计就好。

优秀员工对于个人价值实现的需求更强，在经济回报之外，他们需要的是成长空间的确定性。要营造成长空间，让想当将军的去带兵打仗，让想钻研业务的安心钻研就好。

4.3
让员工从超级用户变为超级明星

如果理解了超级用户的思维，我们就能发现今天培养优秀员工的逻辑已经发生了重大变化。对于优秀的员工，我们需要提供的不是成长体系，而是让他独当一面地管理一个体系。

越来越多的企业搞合伙人制度，搞内部创业、孵化IP，本质上都是因为预见了一个趋势，即对一流的人才，要给他们提供一个平台，而不是一个舞台。平台要求一个人成为资源的整合者、管理者、运营者；而在舞台上，公司仅仅希望其扮演好应该扮演的角色，这对有潜力的优秀人才来说远远不够。

未来最有潜力的员工，应该是你事业的合伙人。

大部分人害怕变化，需要安全感，企业要为这样的人提供安全感。但还有一小部分人，他们热爱变化，知道自己唯有在剧烈的变化中才有机会脱颖而出，从而创造属于自己的事业。

在成立秋叶PPT团队的时候，我的第一批创业小伙伴是我做PPT分享时挖掘的优秀苗子，他们一开始是学习者，很快就成长为分享者，进一步成为这个领域中小有名气的人。到了这个阶段，他们在PPT领域就成了超级用户，对这个领域有自己的理解和热爱，他们之中必然有更具管理者潜质的人。这个阶段，我们应该主动给他们创造机会，打通他们成为超级明星的"最后一公里"，让他们愿意和我们一同创业，形成更大的事业生态圈。所以，在秋叶PPT运营过程中，一开始是我和小伙伴共同商量和运营，慢慢地小伙伴中冒出来一些优秀的管理者，我就给他们更大的决策权。因为我一直希望自己能早点成为公司的"吉祥物"，从具体事务中跳出来，更多地去思考公司的战略发展规划。

对于专业岗位的员工，除了工资、绩效等传统体系之外，我还让他们成为网络课程的主讲老师，获得讲课报酬以及个人品牌曝光的机会；同时让他们成长为畅销图书的作者，拿到稿酬收入；逐步培养他们线下讲课的能力，让他们拿到内训收入。我特别愿意让优秀员工成为明星讲师，用团队的力量成就他们的个人品牌，并相信这样做，对他们个人发展和公司发展都更好。

我认为，一家公司的核心能力，是搭建一个平台，孵化优秀的团队成员，让他们通过这个平台获得整个生态的能量，发展壮大之后再反哺平台。

一流的公司要成为内部创业的孵化器，这才是未来人才竞争的关键。

因此，我希望每一个员工都能具备独当一面地去开创新的业务线的能力，也愿意给予他们所需的支持。这样，大家在一起就能形成互相衔接、互相促进的生态圈，企业也就获得了更安全的外部环境，更能应对企业经营的不确定性。

我的合作原则永远是不要拦着别人发财，哪怕他其实是借鉴了你的创意。开放心态会让更多人来找你，这就创造了更多链接，从而带来更多的可能。我相信，坚持这么做会让更多的人愿意和我合作。在这个过程中我必须接受人才的新陈代谢，但只要在每个阶段我能找到最合适的搭档，事业就会一直在前进的路上。

我相信生态圈长期进化的策略是共赢，对于不合适的人或者难以跟上事业发展速度的人，只能快速止损，停止合作，友好分手。

只想着自己的人会越来越强大吗？不会。在不确定性时代，同频的人只有抱团，生存的概率才最大。

当然，这个设想的实现并不会那么容易。我愿意做幕后的支持者，团队成员创业前期需要的资金、品牌、人脉，我都可以提供，我们要共同做大秋叶品牌，成就更大的事业。

我为什么不担心大家离开？因为秋叶不是在做一个人的个人品牌或者一个赚钱的项目，而是在做一个生态圈，这个生态圈雏形已经建立，未来还可以更好。在这个生态圈里，每个人可以更快地成长为一棵大树，并让更多的人成为大树。

今天的公司要用"热带雨林"的思维去打造生态圈，而不是简单地做利益链。

很多快速裂变的微商团队，做大后反而崩溃，就是因为他们只用利益链条吸引人，回避了最难做的生态平台建设；而运营得好的微商团队，其实都在用心培养自己的超级用户，再让他们成为超级店长，无数个优秀的超级店长又共建了生态圈，衍生出更多的生态可能。

从一个小而美走向更多的小而美，进而整合成生态圈，获取大公司可能都不具备的资源调度能力，这样才能适应更复杂的环境变化。我认为，这才是未来企业的进化模式。

4.4
给员工的福利要放在更大的格局里思考

给员工成长空间，不如带着员工去更有成长红利的城市发展。

我运气很好，凑巧在武汉工作。很多人问我为什么不去北京、上海、广州或深圳创业，我觉得从长远来看，选择武汉创业是对的。在武汉创业，能分享未来10年中国成长速度最快城市群的红利。

建设国家中心城市是国家战略，武汉位列其中。对于中心城市，国家一定会出台各种扶持政策，鼓励相关产业在这些城市兴旺、做大。假以时日，企业也会看清楚这些政策的力度，愿意来这些城市发展，从而汇聚人才，拉动城市的经济增长。

如果处于一个城市的上升期，那么你不用特别努力，即使没有加入最有成长性的行业，也能享受到城市发展的红利。

怎么理解这句话呢？

2013年年底我开始创业。2014年，一批批小伙伴来武汉和我一起创业。那时武汉买房不限购，首付两折起，我们第一波来武汉的小伙伴，2015年就开始想办法买房。当时房价一平方米最低8000元，90平方米的房子首付两成，15万元就可以拿下，总价不过72万元。2018年时，这些房子单价就已经涨到了一平方米2万元，总价超过150万元。

秋叶PPT团队第一波创业员工有12个人，其中10个人已把户口迁到武汉，并都交了买房的首付款。即便是在2018年，用一平方米2万元的价格买房的员工，我相信过5年当他看到武汉的房价涨到一平方米三四万元时，会很感谢自己年轻时选对了城市，选对了公司。

而北京、上海、深圳这些城市的房价已经高到令人难以承受的程度。我计算过，即使年薪百万，平时省吃俭用再赚点外快，每年存下80万元，买一个偏一点地段的90平方米的房子，总价也得500万元起，需要一个人至少奋斗10年的时间（算上需要支付的利息和装修的费用）。有几个年轻人刚一毕业就能一年存下80万元？

从这个角度看，在Office赛道上有一些非常优秀的年轻人，基本上都在北京、深圳这样的城市发展。虽然他们都很优秀，但是一旦公司业务稳定下来，员工毕业后工作满3年，买房结婚的压力必然出现，这时候整个团队会觉得赚多少钱也不够，一旦行业进入平稳增长期，增长乏力，遇到更好的发展机会，他们就会考虑离开，这对公司稳定持续发展的影响很大。

从事业短期发展角度看，选择武汉，其实在人才招聘、信息流通、资源对接方面是有劣势的。但考虑到教育行业是一个慢赛道，在线教育又不是特别在意研发服务团队是否在本地，所以选择在武汉发展，在创业阶段会带来长期的事业竞争成本的优势。这包括团队的稳定性、办公成本和全国性交通成本的降低等。作为管理层，我的确为公司核心员工有没有在武汉买房操心，这不是简单的员工福利问题，而是构建公司长期竞争力的一部分。

当然，等公司到了一定规模，市场在哪里，分公司就应该开到哪里，去吸引这个城市的人才，去创造更大的价值，这也是一种"曲线救国"的策略。

4.5
如何给员工发钱
成本低但效果好

作为企业创始人，当然希望给员工更好的福利。如果只增加薪酬，公司经营成本上涨会很快。现在很多制造业都大量采用机器人，就是因为人工成本增加太快，管理成本也高，还不如用机器人。

某些企业每隔七八年，就会用各种理由定期和老员工重新谈就业合同，也是为了给成本更低的年轻的新员工腾位置。新员工一样可以做好大量流程性、事务性工作，工资还不需要给太高。

随着公司规模越来越大，在分配机制上要考虑的平衡因素会越来越多，必然导致一些员工感觉自己的贡献没有被合理衡量，产生不满情绪甚至辞职。"大公司病"是规模化后必然的结果，所以很多大公司为了保持活力，谈扁平化组织，谈内部创业，谈合伙人制度，谈员工持股，都是为了解决优秀员工的激励问题。但这些做法在管理上能否有效，就要看天时、地利、人和的条件了。

但作为创业公司，完全有更灵活的空间去解决问题。创业公司最大的特点就是规模不大，公司制度虽还有很多不规范的地方，但也给了创业者设计更灵活的激励机制的空间。

1. 务必理解员工要的不仅仅是钱，而是安全感

采用哪些方式能提高员工的安全感？

（1）按时足额发放工资。

（2）做出了贡献，马上给予奖励（普通人宁可要马上就发的奖金，也不愿意等到年底领额度更大的奖金，而小公司财务更灵活，不需要等到年底统一核算，这样及时奖励反而可以在总体上节约费用）。

（3）建立稳定的团队。如果一个创业公司核心员工不稳定，就会给新员工带来很大的负面暗示，很多人会觉得公司不稳定，就会工作不安心，随时想跳槽离职，工作效率也会下降。

（4）允许员工按自己的方式布置办公环境，尽量给他们提供宽敞的办公位置以及比别的公司更大的电脑显示器（由此增加的费用很少），这样做容易让员工产生优越感。

（5）给员工租的宿舍不仅要尽量离公司近，减少员工的通勤时间，而且要安全，从单位到宿舍的路线即使晚上也要保证安全。

（6）改善员工的伙食，尤其要注意提醒员工按时吃饭、按时休息，避免他们过度加班而导致身体过劳。

（7）让员工可以凭借其公司员工的身份享受额外的福利，比如订房折扣、神州专车账户（自费）、各种合作品牌折扣等。

（8）让员工有机会完整了解同行的薪酬福利体系。很多时候不比不知道，一比才觉得自己公司好，好多人羡慕互联网公司的高薪，但不了解人家高薪背后的代价、工作要求、时间付出。

（9）让员工有机会系统学习理财知识，指导员工理财。否则员工赚得多花得快，依然存不下钱。

（10）鼓励员工参加线下社群活动，创造链接，舍得让核心员工参加高端培训，报销部分费用。

（11）邀请员工的亲人来公司参观，让他们放心。

（12）帮员工买房、安家。给员工创造安全感并不一定要多花钱，但是有了安全感，员工就愿意在这样的企业上班，哪怕基础薪酬看起来低一点，他们也愿意考虑。

2．多给激励奖金，少给基本工资

只给安全感，不给员工待遇，这是不合适的。创业公司的创业文化容易产生业绩导向，大家也愿意接受。所以，在创业公司，要努力让每一个岗位的绩效考核都和产出挂钩。所有创造现金流入的员工，都应给予他更多的奖励。比如，约定完成年度目标就加N个月的工资，这就叫可变成本。可变成本支出越多，公司就越安全，因为这些成本支出的前提是员工创造了现金收入。

另外，千万不要简单地用加薪方式激励员工，这会增加公司的固定成本。还有，加薪的弊端就是：没有给员工加薪时，员工觉得只要加薪自己就会好好工作，但真加薪了，又会觉得不过如此。所以，我们即便要激励员工，也有很多优化的方式，比如：

（1）提供团建旅游福利，这样集体组织成本可控，还能培养团队的士气；

（2）给团队成员购买3年期商业保险，这样既给员工以保障，也可以留住员工；

（3）给员工各种节日福利，该项支出可以纳入公司采购成本，不必缴纳所得税；

（4）给员工提供一些补贴，比如补贴员工上班产生的停车费、燃油费等；

（5）在业务不忙的时候，马上安排放假，抵销加班工时；

（6）员工做出优秀业绩，马上重奖给予肯定；

（7）企业内部搞员工竞赛，谁完成任务就给谁发红包；

（8）如果员工工作中经常犯同样的错误，老板连续3次给他指出错误后，仍被发现有错误，他就必须发红包给老板。

以上很多措施能够采用，是因为初创企业可以灵活处理各项事务，那就充分利用这种灵活带来的好处。

对经营者而言，制度规范有规范的好处，灵活有灵活的好处，关键是如何合理地利用规则，这是很重要的思维。

3. 一开始就找对"便宜"的员工，用心培养

很多创始人希望为公司引入高层次的人才，但这不太现实。现实是除了拿到巨额融资的公司，大部分的初创公司很难给高水平的人才开出有竞争力的工资。而高层次的人才愿意接受低薪水，往往需要股权回报。如果创始人和高层次人才之间缺乏磨合，也缺乏知根知底的信任基础，那么很容易出现"空降兵"水土不服的现象。

老话说"兵熊熊一个，将熊熊一窝"，又说"强将手下无弱兵"，说的就是

创始人要放弃招到来则能战、战则能胜的优秀员工的幻想，老老实实地去招愿意长期发展的、忠诚度高的、还没有被挖掘出潜力的、可以培养的员工。

我团队中的很多人才是我从自己身边的学生、小伙伴、社群里发现的。我会很认真地评估他们是否愿意留在武汉发展，是否会考研。只有确定他留在本地长期工作的意愿很强，我才会去刻意地培养他。

还没有毕业的学生，只要是好苗子，而且对待遇的预期合理，那么经过精心培养，完全可以在半年内胜过很多有1～2年工作经验的职场人，我觉得招聘他们是最划算的投资。当然，后来我发现这样带队伍也有一个大问题，就是年轻人的阅历和经验无法在一个单纯的环境中培养，一旦培养他们做管理层，就会出现很多问题。我还是得去外面找有对口工作经验，或者有专业能力的人去主持有挑战的工作，但我的公司只有做到一定规模后才能吸引这样的人才加入。在创业初期，凭借我当时的人脉圈和管理能力，即使能招到这样的人，恐怕我也管不好。

很多人很有才能，但是种种原因限制了他们的发展。往往在社群中可以发现这些人，我们可以通过社群发展他们做兼职。这样的人能力强，人品靠谱，又有情感信任，他们做事真的是开心第一、回报第二，有时候做出的工作业绩比全职人员还好。用这样的人能帮创业公司大大降低运营成本。

靠谱的员工离职后，一样可以继续聘他做兼职。这样虽然人走了，但情义仍在，而且业务还熟悉，离职员工还能有外快收入，岂不也是皆大欢喜的事？

很多公司刚刚创业，还不习惯像大公司一样广泛招实习生。其实小公司一样可以培养出大量招募实习生的能力，关键是小公司的创始人要有这样的思考习惯，哪怕公司名气不大，但只要招到好的实习生，又建立了文化认同感，慢慢就会形成一个稳定的实习生输入通道。这样一来，不但可以节约很多运营成本，还能发现潜在人才，使之变成正式员工。

所以，我认为小公司要节约成本，需要持续招实习生，同时要创造实习生愿意来工作的条件。快速招到实习生并让其尽快上手基础工作，这一点会变成很多公司未来在人力资源上的核心竞争力。大公司用实习生做简单单调的工作，小公司没有那么多条条框框，可以大胆用实习生做复杂度低、创造性高的工作，尽管人力成本与大公司差不多，但产出效率很可能会比后者高10倍。

4.6
如何让员工接受挑战

创业公司如果业绩发展顺利，很快会遇到团队成员的成长速度跟不上业务发展的问题。但是，不少"90后"员工受到很多"工作和生活要平衡"观念的影响，感觉自己追求的目标遥不可及，就干脆自诩为"佛系青年"。他们缺乏为远大目标奋斗的激情，缺乏冲击挑战性目标的勇气，加上从小就是众星拱月，所以受不得委屈吃不了苦。要敦促这样的"90后"员工快速成长，也很考验创始人。

我有4条经验。

1. 创始人要先给自己赋能，才能给员工赋能

作为创始人，如果能做出让普通人觉得了不起的成绩，而且员工亲眼看着你带着大家挑战并完成了看似不可能的目标，就会意识到他们自己也可以挑战难度更大的目标。

极少数人是先相信再做到，绝大部分人是先看到再相信自己能做到。所以创始人要先逼自己做好他人认为不可能的事，然后才能激发员工内心的梦想。

无论如何，创始人要先集中力量打爆一个点，让团队对你有信心。没有信心就没有执行力。只有见证过奇迹，普通人的雄心壮志才能被激发（见图4-1）。

图 4-1　建立团队信心

2．先带出核心员工，再激发普通员工

不是每个人都需要接受挑战，不少员工只需要完成好既定的工作即可。让一群人接受挑战，不如让一个人先完成挑战。有一个人能完成挑战，就会让更多人意识到：他可以，为什么我不可以？

如果大家觉得他成功了是因为他不是普通人，那么就培养一个普通人，让普通人成功，这样大家就会明白限制性信念的确可以束缚一个人发展的可能性。

多让核心员工加入一些"爱打鸡血"的社群，这会很有效。再送大家一句话：给鸡汤不如给方法，给方法不如给示范，给示范不如给激励。

3．树立一个外部对标的目标

无敌最寂寞，好在高处不胜寒，没有几个人能登顶。总有人站在你看得见但还够不着的高处，那么就用他们来做对标的目标。

4．给女员工更大的机会

这是一个秘密：今天优秀的女孩子不比优秀的男孩子少。不能再多讲了，毕竟我的公司中也有很多优秀的男孩子，我怕他们生气。

4.7
课堂复盘讨论：笨员工和聪明员工，你选哪个

有位创始人说，他手下有两个人，对于工作安排，一个人是每次都会严格按他的工作安排尽心尽力地去做，但是每次只能勉强达到他的预期；另一个人每次都需要他解释为什么这样做，但是每次沟通清楚后，这个人完成的工作往往又快又好，甚至还会给人惊喜。

@KK花花：

（1）我觉得不同的岗位适合不同类型的员工，我们先要确定的是创业公司需要具备的基本岗位，比如运营、营销、行政等；然后根据岗位的基本要求来挑选符合岗位要求的员工，而不是根据员工的特点来定岗位。最初的时候分工做不到太细，可能需要员工同时做好几个不同岗位的工作。

（2）在创业初期，如果不是直接从成熟公司招聘（从成熟公司招聘成本高，也需要磨合，性价比不见得高），员工都需要相应的培训。第一种听话但效率偏低的员工，可以看他是否和岗位匹配，然后再进行岗位培训，提高其执行效率。

第二种员工适合做开拓工作，比如市场、营销、新部门建立等。

（3）公司要做大，各种类型的员工都需要，我们需要勇于开拓的员工做先锋，也需要忠诚、执行力强的员工做后盾，使两者相互补充，围成能力桶。

@拖鞋哥：

坦白说，我喜欢第一种员工。这个可能和行业属性有关。因为我所在的行业——考研培训是一个需要规范化的行业，注重任务分解、流程化、引进新技能，让平庸或者说我没有精力去发掘其闪光点的员工可以发挥出稳定的效能，才是在这个行业中取得成功的关键。创始人的精力是有限的，看问题的高度绝大多数时候也要高于员工，如果所有员工都需要花大量时间去沟通，那么反而可能会挤占创始人的时间和精力，导致其做出错误的决策，起码会拖慢企业发展的步伐。

@刘洁：

我会选第二种。

"到底要不要做，为什么要这样做"这类问题可以促进创始人再次深入思考，在解释的过程中再次衡量决策的优劣，有时也会碰撞出新的想法。而做事总能超出预期，说明员工自主性和执行力都很强。初创公司更需要这种有合伙人意识的员工，因为初创团队的每个位置都很重要，需要能够带来更多附加值的员工。

@绘小斑：

个人感觉，这两种人适合于创业的不同时期。如果可以，我都想要。有能力但是需要解释的员工都比较有想法，创业初期会是很得力的伙伴。而当企业发展到一个平稳期，就会需要很多听话又肯努力工作的基础性人员了。前提是大家的

"三观"要相同，如果员工不认同企业愿景或老板本人，再有能力也不能重用。

创业公司需要员工有创造力、责任感，有一颗吃苦、踏实、肯干的心和对公司未来的足够信任。

@妖胖儿：

创业公司需要5种类型的人。

（1）创始人：负责公司战略规划和宏观策略。

（2）专家型人才：在行业内有资源、人脉和系统性的执行力。

（3）链接型人才：能够打通内外资源，链接无限可能性。

（4）天赋型人才：思维活跃，想法丰富。

（5）执行型人才：使命必达，高度执行。

前四种人才与最后一种人才在人员配比上为1：9。前四种类型的人才素质可以高度集中在1～2个人身上。

@Sandy：

我选第二种。这样的人拥有独立思考能力并且有很强的自驱力，做事结果总能超预期。他在前期不断询问和沟通的过程，其实是在判断所做的事情是否正确。做正确的事远比正确地做事更重要。我相信，拥有第二种伙伴类型员工的创业公司更容易做大。

@艺涵：

我希望与第一种员工合作。因为这样团队的配合能够熟能生巧，具备可培养和持续成长的空间。

拥有第一种员工的创业公司更容易做大，因为有效的执行比高成本沟通的不确定性更靠谱。

@张伟：

我选第二种。企业发展的本质其实是与团队一起修炼心性的过程。只有大家越来越清晰地认识到所采取经营行为的必要性与必然性，企业持续发展才会成为必然。当然，这是一个持续、反复的练习过程。与团队成员对话的过程，也是一个自己逐渐走向清晰的过程。

更容易做大是一个伪命题，企业发展是一个多维度的课题，选择并培养什么样的员工只是其中之一。

@木木巧：

对于我目前的公司来讲，我不需要很聪明的员工，但是需要比较勤奋、能吃苦耐劳、工作态度端正的员工。他要能听话地先把事情做起来，能吃苦（因为有时要加班），有学习力、上进心（要能精进做事，特别是犯错后能从中学习并加以改进）。

对于案例中提到的员工，如果能结合两者的优点，则是很好的人选。当然，其实每个创业公司因为业务不一样，对人才的需求也不一样，而且每个阶段对人才的具体需求也不一样。一开始可能会需要相对全能的人才，至少后期会变成全能或能身兼数职的人才；公司发展到一定阶段后，可能需要更多能胜任按流程设置的具体岗位的专业人才。

@武夷山陈磊：

创业公司在不同阶段的侧重点不一样。以我的公司为例，我选择听话的员工，因为我的公司还属于小微创业，团队成员不到10人，一年营业额才100多万元，资源有限，人力有限。所以，我的发力点只能用一次，这个时候团队中只能有一个声音，比如我定好方向和目标，员工要坚定不移地去执行，哪怕这个决策是错误的，也比团队中出现内耗要好。

对于有优秀能力的员工，我是这样理解的：我会打造一个平台和系统，如果你能力强，在这个系统和平台上就会有你更大的舞台；如果你不行，我就换一个能力一般，但是执行力好的人，他做的事情也不会差。

另外，案例中这个能力强、需要沟通的员工，在公司小的时候还可以使用，如果团队壮大，比如有100个员工的时候，还用这种管理方法，则极其消耗创始人的时间成本。

@莹莹：

我偏向和做事、听话的员工合作。因为初创团队要先活下来，再考虑怎么活好。既然是员工，对任务的"执行力"比"有主意"更重要。后者每次做事前都要花精力和时间去说服，内耗太大是其一，其二是点子太多，不易于落地执行。我认为拥有高效的执行力、不纸上谈兵的创业公司，更容易做大。

@三只小猪在巴黎：

我倾向于选择有能力的人。创业初期更需要和合伙人的观念碰撞，他和你沟通多种可能性，这是一次又一次相互开发潜能的过程。他有能力又善于思考，这就是一个可持续发掘的人才。如果经过沟通，你打消了他的顾虑，或者你们讨论出更有效的发展计划，那他后续的势能将犹如井喷。这对公司的发展非常有益。我不主张用听话但做事总是勉强赶上进度的这个人，因为内耗太大。这样的人对他自己、对公司其他员工都起不到积极的作用。

@汤帅：

两类人都要。很有能力的人适合当主管，听话的人适合执行。

@贺亚茹：

领导团队的人，必须是敢于创新、有能力的人；基础工作者做事仔细，服从安排就好。

@陈振宇：

我希望跟后者合作，但我也希望有前者这样的员工。我是一个愿意听下属意见的创业者，原因是自己还不够专业。我认为兼听则明，既然是合作，我希望跟一个把工作当事业来做的人合作，如果他可以担当重任，公司就更容易做大。这样的人才是可遇不可求的，但这种类型的人不能同时参与同一决策（可以分管不同部门），否则会影响决策效率。听话的员工，也就是螺丝钉岗位的员工，当然也是我需要的。

@余强：

创业公司中，没有讨论，只有执行。在很多企业中，老板最头疼的不是员工能力差，而是不听话。我认为，作为创始人，只要有敢于负责的心态，那么所用的员工听话、肯执行就重要于能力技法。后者是可以培训出来的，价值观和心态才是第一位的。老板在关键时刻甚至必须要"强势"。

当然，私下可以让员工提建议，好的建议也会被接受。但在公司层次上，同一个团队应当只有一个声音，创业时期应该就是创始人的声音，因为他要负全责。

@文嫱：

我选后一种员工。后一种员工可以发展成为合作伙伴，他需要自己对所做的事情有清晰的认知，在与我沟通这件事情做不做的时候，可以彼此互补盲区，促进成长。在做事情之前的思考和讨论可以避免盲目投入时间、精力和资金成本。

同时，这样的人也是愿意共同承担责任的人。前者属于听话型员工，但只做交代的事情就意味着他是不愿意承担责任的人，也没有进取心和野心，是阻燃型员工。这样的员工只有混日子的心态，不适合创业公司。

后一种员工是自燃型员工，比起工资待遇，他更看重的是成长空间、发展空间和未来的可能性，同时也有很强的进取心和野心，是可以一起把创业公司做大的伙伴。

@吉吉：

我更喜欢后者。前者或许是个还不错的执行者，前期会发现沟通上不用投入太多，但时间一长，就会发现我们似乎总需要把任务的内容、时间节点、注意事项事无巨细地交代清楚，对方才可能勉强达到你的期待，不然就会因为你一句没交代清楚而反复沟通。我认为这是低效的，尤其是对创业公司，很多制度还不完善，需要更多能带着大脑把工作创造性完成的人。

在前期，后者看似麻烦，说明他从一开始就对项目有着自己的思考，而且有理有据，明白自己做这件事会获得什么、达到怎样的预期、老板的要求是什么，这样在之后的执行中就会减少很多沟通的成本，也更容易达到预期效果。

我认为，在初创期我更需要后者和我一起碰撞点子，然后坚定地执行。但是，一个团队肯定不可能都是这类人，所以让后者作为中层去直接带前面这类人，保证项目的落实，会比让前者直接和老板对接要高效很多。

@严国华：

如果是二选一，我会选择很有能力的这类员工。不过一个企业其实需要这两种类型的员工并存，不是所有事情领导都需要去告诉下属为什么要这么做，如果态度没问题，能力是可以在实践中提高的，但他一定不能是"小白兔"。能力强的、冲锋型的选手可以去挑战有难度的事情，对于重要的、有挑战性的任务，沟通清楚也是非常有必要的。

对创业公司来说，最好是各类"妖魔鬼怪"都有，团长类、政委类、谋士类、营销类、运营类，不一定每个组合都是强强联合，互补的组合可塑性更强。

@郭大小姐：

创业型公司，如果老板很强、懂战略、有资源，应该选择听话、有行动力的人。但如果老板有短板，就要找到互补型人才，并充分授权。

@妮子（钟娥妮）：

第一种员工很听话，在公司创业之初也需要这样的员工，因为初创公司总有各种各样琐碎的事情需要做，身兼多职是家常便饭。至于做事情的能力，如果他总是勉强赶上进度，我会考察他的能力是否有提升的空间，或者找准员工个人的潜力所在。在公司和团队都向上发展的时候，这类员工如果还是没有太多的进步，最终也是会被淘汰的。

第二种员工固然好，但是每次做事情都需要被说服，会大大降低组织的效率。一旦无法说服，他是否就撂挑子不干呢？这样对组织的发展也是有影响的。我很欣赏这种员工的独立思考能力，公司可设定一定的机制，以便让这种员工发挥更大的潜力。

@张小桃：

（1）处于不同阶段、不同位置，用的人应当不一样。第一种员工执行力很强，可靠，沟通成本低，有点儿像沙和尚。第二种员工对管理者来说是个挑战，有点儿像孙悟空。确定性高的业务，我会用第一种员工；开拓和创新型业务，我愿意用第二种员工，把第一种员工扔到第二种员工的组里，让他们一块儿练。

（2）第一种员工处于金字塔的底层，必须有，比例还不能低。但是，如果在创业之初能找到价值观一致的第二种员工作为核心团队成员，将是非常有价值的。

@微凉：

让合适的人做合适的事。听话的员工是基石，很多基础性工作交给这样的员工完成可以有效降低成本，包括沟通成本和资金成本。对于这样的员工，要给予具体的任务，明确限定时间和任务内容。

有独立思考能力的员工是猎手，招入前要先与其沟通好，价值观必须与公司一致，并且以合同或者其他方式规定最终决策权。

没有想到这个问题激发了这么多人参与交流。至于我的答案，我会先选第一种员工，但前提是我自己有想法、有能力。然后，我想试试能否把第二种员工变成做事又快又好，又能带来惊喜的第一种员工，毕竟人是可以改变的。

不同的人有不同的看法，每个人都站在自己的角度发表观点，这些观点对他人也许是更有价值的启发。我相信这个讨论会让大家更多地思考关于用人的问题，也会对"人很可能是企业最重要的资产"这一判断有更深刻的认识。

第5章

目标分解考核与激励制度

员工需要先相信有人能带着他们达到目标，他们才愿意
挑战目标，而创始人就必须在这时站出来。

5.1
当我们谈目标时，我们到底在谈什么

公司存在的目的，就是要带着一帮人完成组织设定的目标。围绕目标，已经发展出了无数的管理方法，比如最有名的德鲁克的SMART原则，现在任何一个学过正面管教的妈妈都知道教育小孩要用SMART原则了。

那么，为什么达成目标依然如此困难？我认为完成目标遇到的第一种困难是：**没有资源，如何完成有突破性的目标？**

市场的残酷之处在于，公司要进入下一阶段的发展，必须完成设定的目标，否则就会被竞争对手击败。所以，很多公司知道下一个山头在哪里，现在的问题是如何去征服。

我们要把这样的目标传递给员工，当然也可以层层分解，给员工许诺高激励，但是员工依然会干劲不足，原因很简单：

员工需要先相信有人能带着他们达到目标，他们才愿意挑战目标，而创始人就必须在这时站出来。

人都会有路径依赖，沿着原有的路径我们很难获得突破性增长。

2016年年初，我们的秋叶PPT微信号"粉丝"和其他微信号"粉丝"一样，增长开始变慢，几乎所有的大号都在探索如何突围。

结果，这一年出现了"选择自己""职场充电宝"等通过邀请大咖做免费直播"加粉"的账户，在短短一年内就把"粉丝"数量做到百万级。等大家纷纷开始模仿直播模式的时候，"选择自己"转入了"自媒体矩阵＋垂直课程矩阵＋电商"模式，"职场充电宝"转入"自媒体矩阵＋在线课程平台＋线下课"模式，它们在2017年依然沿着各自的路径获得了长足的发展。同样是这一年，"剽悍一只猫"靠访谈大咖获得推荐起步，广泛打入优质社群大发红包，借助富有人生哲理的小故事、小文章持续打造爆款，在一年时间内快速成为拥有百万"粉丝"影响力的大号，更是在年底开办同时有十万人在线的直播，强化了自己社群的黏性。

2017年，"剽悍一只猫"转入"自媒体矩阵＋行动营社群＋电商广告"模式，也获得了不一样的发展空间。

2016年，我也在秋叶PPT之外打造了一个真实表达自我的微信号"秋叶大叔"。开通这个微信号之前，我也开始了线上社群运营的探索，这就是个人品牌IP营的前身——知识IP大本营。这个在既定路径之外的探索，反而极大地提升了我的个人影响力。在2017年，我把"个人自媒体＋线上社群运营＋线下私房课"结合起来，又形成了新的模式，也让很多人开始模仿。

不管你怎样努力，人们都会看到你过去做的动作，会研究你的动作、模仿你的动作，甚至改进得比你更精细。这种情况下，完成同样的业绩都要面对更强的竞争，如果想在市场上拿下更大的盘子，怎么可能？

所以在谈目标的时候，创始人要问自己：到底是设定一个稳健型的目标，还是设定一个挑战型的目标？

如果是稳健型目标，在存量市场，在外部竞争变化不是特别剧烈的情况下，完全可以用目标分解的方式引导员工做到。但如果是挑战型目标，请创始人首先要回答：你为什么能做到？

2016年11月，秋叶高端社群项目刚刚成立的时候，只有3个人，我的目标很简单：能活下来就是胜利！反正个人品牌IP营可以保证300万元的底盘收入，足以打通模式，把路走出来。结果在2017年，团队成功开设了5期训练营，还额外创造了200多万元的收入。这时我已经在思考一个问题：我们并没有围绕一个方向打造可持续运营的训练营，虽然每一期我们训练营都抓住了内容创业的红利期，但是红利期结束后怎么办？

2018年我们高端社群的团队已经扩展到10个人，相应的营业目标也要升级，我希望能做到800万元的收入，但问题是，如果训练营不能持续做大，我们就没有方向来填补收入的真空，更不要说持续发展了。

2017年下半年，我突发奇想要搞"私房课"，其实是寻求突破点的转型之举。因为我已经知道，通过广泛获取流量，再把流量转化为低付费产品，然后通过做口碑带来更大的影响力，换取更大的流量，进而带来更多的课程用户，这条路已经不是那么好走了，必须要变。

变的思维很简单：既然199元的课程招收10000个人很难，那么能否变成定价10000元，招收200个人？同样的营业额，我们完全可以为更少的人花更多的成本，投入更多的人力，提供更超值的体验。

所以问题不是目标，问题是经过一年的努力，我们有没有能力为别人提供价值10000元的服务体验。

如果答案是"Yes"，那我们就有转型成功的希望，否则提出500万元的目标也好，提出800万元的目标也好，大家都会不知道怎么做。还好我们找到了答案，这就是秋叶线下私房课。

在2018年年初，我们干脆把这个问题升级为：如果不想做699元、28天、500人起的主流训练营，那么有没有可能做4999元、28天、50人起的"高价"训练营，用更高的价格为更少的人提供更好的服务？

还好，我们的个人品牌IP营顺利地开起来了，中间经过各种试错调整，但至少从2016年到2021年，我们是坚持做到第6年的社群。我也相信，打开价格空间，不但提升了企业发展的可能性，更能为整个行业起到一点儿示范作用，打开整个行业的想象力——原来服务业是可以用社群的方式做起来的。

工业品强调规模化运营，虽然也说"体验"要极致，但是每个人拿到的同款苹果手机并没有根本性区别。而服务才是真正强调"体验"的，而且这种体验必然是分层级的，不能打开服务层级的服务也做不大。

所以，不是完成目标的问题，是围绕怎样的人群、设计怎样的产品、创造怎样的商业模式的问题。

围绕目标思考，得到业绩；围绕用户思考，得到忠诚度。忠诚度造就影响力，影响力改变买卖势能。拥有用户认同的势能才能创造额外的附加值。这才是创始人随时随地要去思考的问题。

这个时代，科技进步快速地改变着我们的生活，随处都可以列举很多根本性的变化：

◆ 人类历史上第一次即将全面进入"移动网络"社会，这点已经成为事实；

◆ 人类历史上第一次即将全面进入"大数据算法＋社交关系"推荐信息的社会，你获取信息的来源越来越受限于你自己的阅读视野和你身边交往的人，这点也已经成为事实；

◆ 人类历史上第一次即将大规模进入"无现金社会"，移动支付方式逐渐盛行；

◆ 大中城市历史上第一次大规模进入"外卖社会"，不管是电商、微商，还是新零售，他们都依赖"外卖"；

◆ 超级城市即将引入越来越多的人工智能＋机器人技术，来取代日益昂贵的劳动力；

……

这些变化不仅是中国面临的挑战，更是整个人类面临的挑战。这些挑战在未来30年接踵而至，对创始人来说，每一年都需要用更宏观的视野去思考：能打败我们的，除了直接竞争对手，还有谁？还需要思考：和哪些人合作，可以一下子超越竞争对手？

创始人每年都应该好好地行走、阅读、聆听、学习，见识不同的人、不同的声音、不同的生意，这样才能在快速变化的时代打造自己快速进化的能力。

今天谈到商业目标，一个核心关键词是"快速进化"，用网络语言说就是"不要被贫穷限制了想象力"。

创始人千万不要让自己成为公司发展的瓶颈。做好准备，抓住一次10倍速发展时机的团队才是赢家。

我建议创始人每一年、每半年都要做内部复盘（见图5-1）。

图 5-1　内部复盘焦点

我们的目标能否再大一点儿，速度能否再快一点？无法达成目标，是否是因为我们的模式有局限性？有没有更好的模式？如果模式没问题，是否因为我们欠缺了某种关键资源？那么如何去链接？解决了模式和资源的问题，我们才能谈实现目标的策略。

5.2 创业公司如何 评估员工的状态

我不认为员工经常加班是一种好的状态，尽管在创业阶段，我们可能需要很长一段时间处于这样的工作状态，但创始人应该时刻提醒自己：这样的工作状态不是员工应该付出的，而是创业者自己愿意付出的。

如果一个合伙人经常抱怨自己工作辛苦，这是一个不好的苗头。创业合伙人本来就得吃苦，创业合伙人要经常谈真正的问题：努力工作后有没有产出？因为没有产出就没有价值。

对于公司的员工——也就是我说的老实人，要关注他们的工作量是否饱和，绩效表现是否合理，再关注员工是否知道为什么要做这个工作。什么状态的员工最危险？没事做，做完了事情不知道为什么做的员工最危险。员工没事做就会瞎逛，瞎聊天，很多负面情绪都是闲出来的。如果员工理解自己工作的价值，就会树立工作责任心。很多人没有好好工作，是因为他不知道他的工作质量会对事业产生什么负面影响。让新人高速成长的方式就是频繁指导，随手纠错。对新人不要去判断他的工作状态好不好，因为他肯定不能达到你的要求。在规模不大的创业公司，创始人务必多和新人沟通，每日复盘，快速判断，快速发现问题，快速纠错，一旦发现新人不能胜任工作，就要快速止损。

至于外包合作伙伴的选择，要记住一条：

宁愿和一个有私心但是能把事办好的人合作，也不要和一个办不好事情的"老好人"合作。

员工状态不好，还可能存在你无法控制的因素。比如公司发展了很久，业务依然没有很大的起色，团队里的人渐渐没有了当初的激情，觉得继续待下去也看不到什么希望，还不如早点离开。

有的创业公司的核心员工离开不是因为公司发展得不好，而是遇到竞争对手恶意挖人。如果对手开出非常有诱惑力的工资＋股权来挖你的核心员工，你能把人留下的"牌"并不多。

公司做起来后，总是要对外宣传的，作为创始人，时不时有记者找你做采访，有些活动让你做嘉宾，你会获得各种曝光，似乎公司发展到今天都是靠创始人一个人的努力。这个时候，有的核心成员的心态就会调整不过来，他们想不明白为什么自己在公司累死累活地干，风头却是你一个人的，你的工作似乎就是陪各种人吃饭、聊天、上节目，轻轻松松，还有那么多机会认识名人。

这样的员工心都不在了，状态自然不好。

为了规避员工状态不好影响正常的工作安排，我建议创始人提前做好以下准备。

（1）平时要做好工作文档记录，特别是客户资料、工作流程规范文档，这样，如果有新人来，就能以最快的速度跟上，尽量减少损失。

（2）尽量把核心工作安排给两名以上员工来做，这样不至于一个人走了，工作就无法开展。

（3）信息尽量共享，让员工之间对工作内容互相了解，同时对公司的发展有所了解。

（4）如今新媒体资产越来越重要，员工用于新媒体工作的账户和手机，最好一开始就由公司配置，专岗专用。不要用私人手机做公司工作，以免员工离职后造成不必要的损失。

5.3
让你的员工学会自己分解工作目标

对有把握的目标，最重要的工作是落实到人。创始人在公司内部目标管理上最重要的工作是明确每个核心成员的目标，设定合理的激励机制。需要提醒的是，对于核心员工，完成目标和完成任务并不相同，目标是结果导向，任务是工作量导向。工作中不是问你做了多少，而是问你的产出让我们向目标靠近了多少。

对于普通员工，不要给他们设置太多的目标，应该为他们合理地安排工作量，一次做好一件事即可。他们把每一件事做好了，自然就完成了你的战略目标。对普通员工采用工作量绩效管理，目标管理是对核心员工说的。

很多公司发展很快，核心员工有干劲却缺乏经验，看到一个貌似有挑战的目标，就感觉无从下手，不知道如何完成。这个时候，创始人就需要教会员工自己去分解目标，评估完成目标需要的资源缺口，考虑如何一步步地接近目标。

和核心员工在一起谈目标不只是博弈，也是在一起进行头脑风暴，好的目标是双方一起谈出来的。

有时候创始人提出目标，核心员工会产生抵触心理。这时候不要急躁，可以先想一想其抗拒目标的原因是下面的哪一个。

（1）感觉目标不靠谱。

（2）感觉目标缺乏支持系统。

（3）感觉目标没有回报。不少人搞不定目标是因为他直接被目标吓住了，感觉目标不靠谱或者自己搞不定，然后会开始与自己的内心做斗争，而不是把精力放在完成目标上。

个人品牌IP营第四期招生时，我要求一位员工在两个月内招满330人，每个人还必须缴纳3000元的营费，这个任务对于该员工来说是一个巨大的挑战，因为他从来没有做过销售。这时让他去招生，逼他认同工作任务是没有价值的。他一定会答应，但他并不知道怎么去招生。他可能会模仿他看到的动作，比如写一篇看起来不错的招生文案，然后在公司几个微信平台上推送，等着大家来报名。

如果名额一下子就报满了，他当然会很高兴，但是他心里依然会不踏实，因为他对这些报名的人没有感觉，他不会知道为什么这些人会报名，这次成功的经历并不会真正建立他的信心。如果没有招满，他可能压力更大，进而丧失对完成工作的信心，对公司而言这就是更大的损失了。

所以，对于这样的员工，给激励不如给方法。有了执行的方法，在过程中能看到效果，他就会有信心，等完成了目标再给予激励，就能进一步巩固他的自信心和成就感，从而使他敢于挑战更大的目标。

我给的方法非常简单——化整为零。所有的大目标都不是通过一个渠道完成的，先搞清楚可以通过哪些渠道带来流量，转化率是多少，渠道成本是多少，业务周期是多久，潜在规模是多大。他如果把这些想明白了，就可以从业务全局去规划工作任务。

分解的任务表如表5-1所示。

表5-1　任务分解表

完成渠道	老营员转化	私房课新学员	老营员推荐	训练营优秀学员	大咖朋友圈推荐
渠道规模	360人	100人	180人	40人	60人
转化率	40%	30%	60%	50%	50%
目标值	150人	30人	100人	20人	30人
任务执行方式	直接一对一私聊	同事推荐后一对一私聊	发邀约海报转一对一私聊	发邀约海报转一对一私聊	发品牌海报转一对一私聊

有了这个任务分解表，该员工就明白如何去做了。我们其实有很多资源可以利用，如果只依赖所谓的微信推送，转化率反而非常不可靠，因为所有工作的成败都依赖于一次推送，完全没有安全感。但是有了这些分解渠道，就可以先从与

熟悉的人一对一私聊开始，规定自己在半个月内分批完成全部老营员摸底的工作；然后从关系好的营员开始，一个个去沟通。结果他在两个月内很顺利地完成了招生任务，甚至还因为报名的人太多，不得不多收了60人。

当然，我们做IP营都是通过一对一服务带来转化的，不追求数量，所以每个渠道都是自己人，没有渠道成本，而完整的分解表还应该包括每个渠道需要花费的成本。如果某个特定渠道的转化率不如预期，就需要考虑如何采取风险措施加以改善，这也是在目标分解阶段要教员工自己去构思和策划的方面。目标分解表如表5-2所示。

表5-2　目标分解表

	总目标	分解值1	分解值2	分解值3
目标值	100人	50人	30人	20人
完成渠道				
需要资源				
预期成本				
风险措施				

一旦理解了任务是通过各种各样的渠道完成的，员工就会意识到平时做好工作的价值，就会积极地维护客户关系，维系合作伙伴的关系。重点是，为了完成任务，必须让员工养成提前囤积资源、链接关键资源的习惯，这样才能让员工独当一面地思考问题、搞定问题。如果你和员工一起做了头脑风暴，开完了会，但目标也不能分解好，资源也不能给到位，或者发现搞定目标得不偿失，那么我们得思考自己的目标到底有没有问题了。

第一次这样带新手员工，第二次就可以让员工自己提出目标分解计划来讨论，第三次就可以告诉员工你的期待。他如果认同，就可以让目标开花结果。长此以往，你们之间就会形成工作默契，事情也会越做越顺。

对于这样的员工，第一次不应该重奖，因为工作是大家帮他完成的。第二次就应该给予更大的激励，因为他开始有管理思维了。第三次就得给他业绩分红，因为他开始独当一面为你赚钱了。第四次怎么办？需要告诉他："去找到人，复制我们的工作方法，让整个盘子变得更大。如此，你将开创自己的事业，我们将从雇佣关系变成合伙人关系。"

要是目标分解后没有完成呢？第一板子要打主管或者老板，因为你没有检查好重要节点，提前发现问题。第二板子才是打员工，该怎样处理就怎样处理。但是业绩没有完成，员工损失的顶多是奖金和一份工作，而你损失的是机会成本。所以，公司在规模较小的时候输不起，老板就是操心的命，谁也别想逃。

写到这里，还想多提一点，是不是教会员工成功分解目标并完成任务，创始人就可以轻松一些呢？

作为创始人，不应该只盯着任务指标，更要考虑团队能力的复制。创始人一定要认识到，大部分人有了一些知识储备或工作经验并不代表他就具备解决问题的能力。有些人能解决问题依赖的是流程规定，一旦出现新情况，就会缺乏对策。

我们必须清醒地意识到，大部分人是"任务学习型"，这种人的特点是教会他一个任务，他就会做好这个任务。你要教他一个新任务，就得把新任务给他再分解一次，他才能理解。有的人可能一件事教3遍，就学会举一反三了；有的人可能需要教10遍，只是经过这10遍，他和3遍就学会的人的差距也不会那么大。

但是有的人是"模式学习型"，他只需要做一遍，就会深度复盘整个工作的完成过程，而且能够把工作复盘得非常清晰，甚至结构化、流程化，那么下次他做事情就可以一次做好，不需要你操心。遇到这样的员工，就必须重用。

更关键的是，"模式学习型"的人遇到全新的工作也会问自己：这个问题是老问题用老办法，还是新问题可以试试老办法？

当老问题需要新办法或新问题需要新办法时，"模式学习型"的人才需要找人商量，因为他会利用自己的"经验库"去主动解决和搞定大部分问题。这样的人具备高级学习者的思维模式——知识迁移。

不过需要提醒的是，有一种"任务学习型"的人看起来特别像"模式学习型"的人，他每次都能把工作结构化整理得特别漂亮，比如画出手绘思维导图，但是他从来没有自己用这些总结去尝试解决问题。

中国大部分学校培养出来的人才复制能力都不错，但缺乏解决问题需要的迁移思考能力，这一点是创始人带着团队完成工作任务时需要特别考虑的。

对于"模式学习型"的人，也请创始人注意，你对他的激励制度设计也应该更大胆一点儿。

有人问我为何总是能选对人，很简单，我会通过一个人的文章、作品、对话判断他是不是"模式学习型"的人，他大概已经进化到哪一种思维能力模式，可以给他怎样的工作挑战，而且对他来说还没有太大的压力。如果通过一段时间观察，发现这个人的人品没有问题，那就挖过来工作。

对于掌握了基本工作方法的人，建议创始人要在方法论的层次上指导他们。我学到的方法论来自麦肯锡体系，提炼出来很简单，分以下两种情况。

情况1：如果遇到没有研究过的领域

①分析问题产生的背景→②定义问题的本质→③提出可选的对策并评估最可行的方案→④建立行动计划进行试错→⑤设置效果评估的检验节点→⑥修正对问题的认识或者调整行动计划。

情况2：对于有过工作经验的领域

①通过沟通得到一个清晰的目标→②对比各种可能的策略→③落实详细的行动计划→④寻求合适的资源完成计划→⑤监督和验证计划效果并进行动态调整。

有了这种解决问题的框架，总可以把复杂的工作分解成几个阶段的工作，然后一步步去完成。

5.4
如何激励完成目标的员工

今天，创始人要意识到一个麻烦，即激励员工完成工作任务的传统奖励模式很容易失效。过去的模式是给员工基本工资，然后给工作量绩效考核奖，最后给业绩任务奖金，让员工意识到基础工作量对应基本工资待遇，完成业绩目标才能得到对应奖励，要想多赚钱，就要多付出，完成高业绩指标。

在这个思路下有很多关于绩效激励的制度设计，比如多劳多得，业绩好的薪酬高；设计不同的阶梯提成——在不同时间段完成的业绩，奖励机制不一样，按产品、区域或者行业设置不同的提成比例；把节约下来的成本费用拿出一部分奖励员工；对完成高额目标的员工再给予年度重奖；等等。

这些激励模式本质上差不多，但是形式需要各种各样的创新，对于"00后"人群，他们对奖励的需求其实开始多元化。

他们需要金钱奖励，也需要精神奖励，而且往往偏向能"炫"的奖励。奖励50万元或者一部豪华版汽车，"00后"员工会更喜欢哪个？很难说。我怀疑会是有人喜欢现金，也有人喜欢汽车。

当然，公司购买汽车的好处是可以把奖金变成成本。如果真的发放50万元的奖金，员工还需要缴纳个人所得税。

如果奖励员工一次旅游，员工会觉得是惊喜吗？这就是我们今天要额外花心思考虑的。所以，我给出以下3点建议（其图解见图5-2）。

① 组合化 多元化　② 碎片化 游戏化　③ 视觉化

图 5-2　奖励形式的改变

第一个建议是创始人要意识到奖励组合化、多元化，使员工有新鲜感。

第二个建议是尽量把奖励碎片化、游戏化。

在电子时代，很多人都习惯了网游刺激。网游之所以让人沉溺，就是因为奖赏机制非常高效，完成一个小任务大脑马上就能收到刺激。久而久之，整个新一代年轻人延迟满足的能力都会下降，这一点必须纳入我们激励机制的考虑范畴。

在设置工作目标时，一开始就要考虑能否把大目标分解成阶段性里程碑，分期打赏，避免长时间缺乏刺激，导致员工因为缺乏肯定而丧失工作热情。等员工慢慢适应职场考核体系之后，再慢慢延长考核周期，恢复到按月、按季度、按年的分期考核机制上来。

第三个建议是要把奖励视觉化。

过去我们奖励一个人通常是发钱。发钱这个事情比较敏感，所以一般人都希望低调，我也赞同发钱要低调。但是如果只有低调的奖励，大家就缺乏一种去"秀"的欲望。很多受年轻人喜欢的公司，往往更乐于创造让员工愿意炫耀的工作场景和奖励，让大家觉得这家公司很酷，很值得来体验。

这似乎也是一种潮流，在朋友圈和微博上常常看到这样的"秀"。当然，是不是每个创始人或者每个行业都接受这种方式，还是仁者见仁、智者见智。

规模不大的创业公司可以玩一个游戏，让你们团队分管销售的每个人匿名写下自己今年完成任务的预期份额，然后你写一个自己可接受的总额。如果大家的总额比你预期的总额高50%，那么说明你的目标额度得到了团队认可；如果高出100%，那么说明要么有人悲观了，要么有人乐观了；如果比你预期要低，那问题就严重了。

现在再玩一个游戏，让你们团队中的每个人（包括创始人）都写下自己对业务的贡献比例：假设去年公司业务是100分，你的贡献比例是多少？

如果大家的比例总和为150%～200%，说明大家对自己贡献的认识还是比较客观的，人多少都会有一点儿高估自己的贡献，这都还算合理；如果大家预估的总和超过250%，往往说明团队中已经有了内部矛盾；如果超过300%，则说明内部矛盾已经很大了；如果连100%都没有达到，那么去年的钱都是谁赚的？你吗？

5.5
课堂复盘讨论：没有危机感就很难快速进化，那么，要折腾员工吗

@余强：

秋叶大叔说给员工安全感，这我理解，就是让员工有归属感。不过另一方面，我一直用危机感来激励自己和员工，无论公司还是个人，没有危机感就很难

快速进化。甚至有时我会故意折腾团队以进行压力测试。如何更好地平衡团队成员的危机感和安全感呢？

@拖鞋哥：

我个人的思路是定个高KPI，这样有利于团队进步。但是，我个人认为，让员工在公司里产生不安感，这一点是需要考虑的，或者尽量当作最后手段。员工和创业者最大的不同是，员工本质上是在让渡风险，同时也让渡风险收益给创业者。信任是很脆弱的，员工一旦有了"不安全感"，就会找"退路"；一旦有了退路，很可能本来不想走的都走了。

@妖胖儿：

危机感来自两大块，一是不知道公司能不能活下去，二是不知道自己的业务线（或者自己）能不能活下去。对前者，消灭这种危机感就好。对后者，要战略上给方向，战术上给指导，最重要的是给一个对标的产品（或者目标）。在危机感和安全感平衡这件事情上，我想拿腾讯举例。我觉得腾讯做得很有趣的一点是，几个小组同时竞争做相同的事情，成功的那个拿超级高的回报。游戏开发就是采用这个策略，几个工作室做同一款游戏，展开竞争，赢的那个就能取得超级高的回报。输了的，整个小组马上调整转到下一个项目。

其实"90后"的我们，作为互联网的重度用户，在充分拥抱变化和机遇。不用给我们制造危机感，我们想要的是归属感。因为我们自己的危机感已是超级严重了，甚至于当我评估后认为这个公司的发展无法帮助我抵抗我对这个世界变化的危机感时，我就会淘汰这家公司。毕竟，我们对公司的忠诚度是很有限的。工作对于我们来说只是人生当中的一部分，是实现自我价值的路径之一，并没有重要到非谁不可的地步。

另外再说一句，"90后"的我们，其实在经济基础层面没什么问题，所以你给我们归属感就好。危机感我们天生就有，而且比很多"80后""70后"更严重。我们太知道这个世界有多大了，太明白这个世界的变化有多快了，所以不用给我们制造危机感。比如我就是个不安全感超级强的人。

@文嫱：

这是两个层面，一个是心理层面的"安全感"，另一个是行动层面的"危机感"。

安全感的解决方法是：帮助员工解决他最关心及容易分散精力和注意力的事情，比如大叔说的房子、发展空间等。把这些后顾之忧解决之后，大家就一起上战场；上战场了就要在做事情上面进行激励，这时候考察的就是进攻力。这就像刘邦的团队，有萧何把大本营建设好，大家不用担心断粮、断支持；前面有韩信，训练兵马、攻城略地；同时也给大本营更多的储备和资源，形成一个正向循环。在教育上就像是高支持同时匹配高要求一样，给员工安全感并不意味着削弱团队的战斗力。

@嫣言：

这个危机感，我们也一直在用。危机感是对外的，可以让我的团队感受到来自时代、来自高科技、来自新技术的压力。所谓跨界打劫，我们最终可能不是死在同行手里，而是死在外行手上。所以，有必要让他们意识到危机来自四方。而安全感是来自内部的。要让他们知道尽管危机四伏，我们的团队依然保持了向上的势能，领头羊与核心骨干都在横向拉线、纵向做深，跟着我们做，能够在这个危机四伏的领域闯荡出一片新的天地。所以，把握好这个度，在强调外部危机时，也不要忘记内部生长。

@徐燕玲：

对这道题，我有不同的意见。我个人认为一个团队的员工不需要危机感。过去很多年，我们常常用的一种方式是：想让对方变得更好，就要让对方感觉糟糕。这在10年前也许行得通，在现在"互联网＋"的时代，"90后"也已经步入社会，这种方法已经不适用了。

真正好用的留人方法是提升员工的归属感、价值感和安全感，只有让对方感觉好，他才能做得更好。只有让员工觉得跟你干有盼头，才能激发员工向上的勇气和动力。因此，留人有几个层次：用钱留人，用心留人，用发展规划留人。每个员工的抗压能力不同，如果没有把握好这个度，也许会得不偿失。

在用人的事情上，不要用危机感来激励员工，但当员工跟你同心的时候，危机感会给员工带来动力。

@张小桃：

危机感和激励本身就是相悖的逻辑。危机感对应的是恐惧，激励对应的是满足。危机感不能用来激励员工，只能用来激发员工内心的欲望，或者叫动机。

个体之所以加入组织，一定是为了追求安全感，要的是增强抵御风险的能力。如果加入一个组织后天天觉得"我们公司要死了"，在员工向心力足够强的前提下，这样做短期是会激发其动力或者潜力，可时间长了，员工心态就会变，不见得好。

要说平衡，安全感是基础，一定要让员工相信组织是可靠的，是可以抵御风险的。但可以加一点点的刺激，比如可以对他们说："我们如果被第二名追上，今年的奖金就会少了。"

@武夷山陈磊：

作为一个创业公司，其实最怕的就是"小白兔"，所以必须要有狼性文化。狼性文化的主要体现是能打仗，能见到肉，也就是说必须跟激励相关。激励并不是给所有人的，而是只给能提供结果的人。如果没有结果，就要实行末位淘汰。如果不淘汰落后员工，市场就会淘汰公司。而员工想要的薪酬、福利等，都是从市场来的。

具体的做法是，一定要在员工中树立一个标杆，就是某位普通的员工通过自己的努力，拿到比其他员工多几倍的钱。如果其他员工想要同样的薪酬、福利，就要付出同样的努力。镜像神经元原理说的就是：我身边的人能做，我也能做到。制度是死的，但是管理是人性化的，要时刻关注员工的状态，调整员工的状态。

@Benny：

首先是制度。某世界500强企业其实比较厉害的不是研发，而是人力资源制度和文化。举个例子。第一，该企业在一个国家的代表任期很少有超过3年的，满3年就换人，能力强的升职到大一些的代表处，能力不行的直接"下课"，绝不可能让你在一个地方舒舒服服地干活。当然，高升后的物质激励也是非常大的。第二，员工一般会被分配到自己家乡之外的属地干活，以避免家人干扰其工作（但我真心觉得这样不好），这是可以让员工有危机感，同时也给予员工相当有诱惑力的激励。

其次说说安全感。没有绝对的安全感，员工成长到一定阶段，内心和外部环境都会变，诉求也会不一样，受到尊重、广阔的成长空间、稳定的回报等都能给员工带来安全感。但不同年龄段的员工差别也大，"70后""80后"员工大部分是"干一行爱一行"，现在的"90"后基本是"爱一行干一行"。

最后是平衡。无论怎样，平衡都是最难的，要把员工的核心关切（可以是物质，可以是情感，可以是尊重，也可以是个人成长空间等）与企业的核心目标相关联。

@秋叶：

给员工安全感，为的是让员工愿意留在公司做事。给员工危机感，为的是让员工不至于养成惰性，被竞争对手超越。

过于慈爱的领导，会养出过于娇惯的员工。时间长了，遇到挑战，员工的反应能力和行动能力会不足。这其实是我的问题，我是以一个大学老师的身份创业的，所以我身上老师的痕迹太重，管理者的经历太少。

过于折腾的领导，会养出非常厉害的员工。但如果公司的成长速度不能够快速地给予员工足够的回报，这样厉害的员工可能会跳槽或自己干。

这个事情像走钢丝，一直要找好平衡点。如果公司始终在高速成长，其实不用太担心危机感，没有什么比成功更能激励人渴望下一个成功了。

如果公司始终有强敌环伺，其实也不用太担心危机感，没有什么比竞争对手更能让你不懈怠了。如果公司所处行业的发展日新月异，不知道下一个对手会从哪里冒出来，也不用担心危机感。公司最大的危机感，不是员工没有危机感，而是中层干部没有危机感，是老板丧失了进取心。对于今天的员工，我认为安全感是第一位的，他们会从领导、同事、对手、客户、市场里感知到危机，但是有了安全感，员工才有勇气应对危机。

我和员工谈话的套路基本上是这样的：

×××，你放心干，我们公司是没有问题的。（给予安全感）

×××，你大胆干，干得好提成肯定多发。（给予激励）

×××，你不要怕，干得不好我们会帮你。（给予归属感）

第七章

风险识别及规避

做企业最大的冒险是不思进取，小富即安。这个世界不会给你太多的打盹时间。

6.1

有哪些风险会
伪装成机会来找你

经营企业就是预判和管理风险。对初创期企业而言，最大的风险来自创始人自己（见图6-1）。

创始人最大的风险是不能正确地认识自己的能力，要么高估自己的能力，导致能力跟不上野心；要么低估自己的潜力，导致发展跟不上时代。无论哪一种都很遗憾。

图 6-1　初创期企业的风险

比如，很多人建议创始人要专注。按这个逻辑，我在2013年年底创业做在线教育时，应该专注于Office领域，成为这个细分领域的第一名，然后再图谋更大的发展。但问题是，即便我在这个细分领域占据第一名，在未来可以预期的3年内，整个市场规模也不会超过5000万元。如果我觉得带一个小团队，满足于在一个不到5000万元的市场里面过小而美的日子，当然专注没有问题。但按这个打法，团队未来也很难有更高的收入，他们的成长空间很快就会遇到"天花板"。这就要冒安于现状死于未来的风险。我自认为还算是一个负责任的创始人，所以我决心在小伙伴已经能够独立做好Office核心业务的时候，自己去开拓新的业务，打开新的市场。之后，我在短短一年半内把公司业务从线上社群运营扩展到线下高端私房课，再到新媒体内训，甚至开始研究母婴电商。

这么做看起来是不专注，但背后的逻辑很简单——在一个足够大且足够长的赛道上，保持专注战略有利于企业获得领先优势；但是在一个很快就能看到市场天花板的赛道上，保持专注也可以说是不思进取。

当然，这样做最大的风险是业务扩张太快，我的管理能力和精力分配跟不上，导致多头并进，一头也做不好。于是我通过努力培养团队、对团队授权，提升自己，甚至压榨自己来解决问题。如果在和时间赛跑的游戏中，我不但把团队培养出来了，还把业务链跑通了，那么我就会一下子把同行或者潜在竞争对手远远地甩在后面，也为团队小伙伴赢得了巨大的成长空间，突破了公司未来发展的天花板。

"明知山有虎，偏向虎山行"。创始人的能力和野心一直处于动态的平衡，你永远都会感觉自己力不从心，但这也许是创始人最好的状态。游刃有余这个阶段是企业进入成熟期后才会有的，但我认为，在一个充满竞争的市场，在一个不确定性极强的时代，这种游刃有余或许是一种假象。

"风险"始终在企业经营之路上伺机而动。很多人都会看到各种企业努力奋斗然后死亡的故事。有的从一开始就是苦斗，有的高开低走，有的获得亿万融资一时风光无限，有的甚至采取欺骗手段获得了暂时的发展，但是企业一旦没有管理好风险，失败了，很快就会被市场遗忘。

来自业务的压力都会造成经营风险。比如，产品达不到设计预期，销售业绩不够好，产品售后口碑不佳，培养的员工被对手挖墙脚……这些风险会被任何一个创始人看见并着力解决。但还有一些风险，一开始看起来像机会，反而容易被忽视。

风险1：在公司现金流模式还没有跑通时，有投资人来考察并说要投资。

不是说这样的投资人不靠谱，而是当公司现金流模式还没有跑通时，创始人就去见投资人，很容易头脑发热。市场、用户和产品才是应该关注的核心问题。

风险2：一下子招太多人。

有时候，创始人感觉公司业务发展很快，需要招人，甚至要提前储备人才。人招得太快会带来培训体系跟不上、开支压力增加的风险。如果不能很好地给招来的人分配工作量，就会带来巨大的管理压力。对小公司来说，先囤够足以养活一个员工的工作量后再招人比较好。

另外我发现，公司扩张太快的一个很重要的原因是任用了不合格的中层，他们会用招人去解决问题，反而给公司带来巨大的管理成本。这也是创始人在招人前需要评估的一个问题。

风险3：公司引入了牛人。

牛人有办法，有新见解，容易和创始人"一见钟情"，但往往也怕因为误会而"相爱"，因为了解而"分手"。牛人的独立见解如果和公司的发展规划不一致，很容易造成执行力涣散。用多牛的人，就要承担多大的管理风险。

风险4：各种媒体的采访。

我们团队的风格是先做事。当然，公关宣传也是必要的。经过我们审核的媒体报道，不会过多出现经营业绩的信息。不是不敢晒，而是低调一点儿好。这个世界上牛人有很多，但没几个真正活得长的牛人是喜欢炫耀的。你吹的"牛"，有时候真的是要上"税"的。

风险5：参加各种创业比赛。

这可能是因为我的公司是从大学生创业大赛中走出来的，所以不得不频繁参加创业比赛。比赛很难带来目标用户，反而会浪费大量时间。如果希望通过创业比赛找到投资人，我觉得不如先花时间到市场上去找钱。

风险6：加入某个圈子，认识了太多牛人，感觉随便与哪一个牛人都能合作项目。

没有一个赛道是容易成功的，如果有很简单就能合作赚大钱的机会，一定要想想这个机会为什么留给了你。大部分时候，拒绝诱惑是比选择机会更强大的能力。万一真有这样的机会，那就向前冲吧（虽然我不太相信会有）。

风险7：创业第一炮一下子就成功了。

我其实很担心做事开头太顺，如果连续顺利就更麻烦。一件事来得太容易，就会让你意识不到"坑"在哪里，就会只管跑，却忽视了对关键能力的培养。等遇到真正的考时，才发现团队打仗的能力跟不上，在持久战中往往会快速溃败。

这就是我自己遇到的"大坑"。我因为有个人品牌，所以开局很顺，几乎没有遇到什么大考验，自己无形中就膨胀了，什么事情都想试一试。很快，我的短板在业务线放大后充分暴露出来，不得不放慢节奏去给公司补课，强化基础管理能力。遇到市场从红利期转入红海竞争期，经营压力骤然增加，光靠个人品牌的魅力，公司是走不远的。

6.2
有哪些风险是
创始人根本没有想到的

我觉得详细展开分析每一个风险的必要性不大，但是可以把关键项列举出来。我倒是很希望看到大家的故事，让这一课变成真实的案例教育课。

（1）忽视了宏观政策变化带来的运营风险。

（2）原材料突然涨价（外贸生意和汇率等突然变化）。

（3）客户资金周转遇到困难而拖欠账款，你被迫陷入资金链危机。

（4）市场突然转冷，事前毫无征兆。

（5）竞争对手采取恶性竞争手段，或者竞争对手的产品升级而你跟不上。

（6）合作平台突然修改"游戏规则"（大到国家突然发布相关禁令）。

（7）突然遇到法律诉讼（被举报图片侵权、被诉宣传违反广告法等）。

（8）关键岗位员工突然要求辞职，或者被对手挖墙脚。

（9）自己突然病倒30天以上。

（10）创业合伙人和自己闹矛盾。

（11）家里人不支持自己创业，后院起火。

（12）公司的产品或服务遇到负面舆情并形成了扩散。

（13）公司的龙头产品被仿冒，导致市场崩溃。

（14）没有注意知识产权保护，导致商标、公司网络资源被抢注。

没有人希望遇到这些"坑"，但是每个成功活下来的企业多多少少都经历了这里面的一种或者几种挑战。我认为，唯有经历了艰苦挑战并生存下来的企业，才是正常的企业。

不能战胜风险的企业就好像心智没有发育好的青年人，看起来孔武有力，但是缺乏在商业社会中生存所需要的谋略。

不要害怕风险，管控好风险就是保证企业健康成长的疫苗，只会让你更有生命力。

6.3
选择更难走的路，是为了冒险还是为了反脆弱

目前，秋叶团队的Office课程的市场占有率第一，而且还在持续扩大领先优势。在这种情况下，正常的选择是强化Office课程的市场营销投入，做到细分赛道第一名。但我在2016年开始反而投入大量精力做职场赛道课程，做宝妈赛道（"妈妈点赞"品牌图书）。这种战略决策有没有风险？我是应该保持专注还是多元化发展？其实这也是我一直在问自己的问题。

做任何决策都是要冒险的，最大的风险是不聚焦导致的资源分散，不能形成合力，导致主业做不大。我选择多头突破，也是考虑到如下3点。

（1）做企业最大的冒险是不思进取、小富即安。没有人事先想到送外卖的美团会向滴滴宣战，转眼滴滴就做出回击，要做外卖。今天的世界是扁平化的，互联网上领先的玩家在自己的层面一旦形成领先优势，就会毫不留情地强势切入自己能卡位的一切赛道。如果我不先在一些赛道埋伏下伏兵，未来我想进入，就会拿不到门票。

（2）Office赛道的"天花板"太低，如果不转型，一旦人员规模膨胀，公司又没有上升空间，一定会导致核心员工离职。

（3）虽然分了赛道，但是创始团队的精力在前五年从未分散。秋叶Office团队成长很快，已经能完全替代我，而且我没有动用过这支部队去打"新江山"，保持了团队的稳定性。进宝妈赛道的确是一次冒进，等我发现搞不定这个市场的时候，就马上回到职场新人赛道上来了。

我面临的风险在于：

（1）多条业务线展开，对我个人的精力是巨大的挑战；

（2）多条业务线展开，对团队的人力储备是巨大的挑战；

（3）多条业务线展开，对潜在资金的投入开始有更多的要求。

2021年，知识付费领域的流量红利已经不复存在，我认为最大的红利是社群红利，也就是所谓的私域流量运营。抓住目标人群，做好内容，做精准转化，做好服务，做持续后端产品转化，这是企业生存的关键。

我们团队的本质是内容驱动，我们有网课、图书，口碑一直不错。社群营销凑巧是我们擅长的事情，个人品牌IP营、秋叶私房课、各种秋叶技能训练营，我们的招生工作始终完成得不错。现在，我正在准备结合不二酱系列美食，把"宠粉"福利和电商结合起来，让学员通过特色电商和秋叶团队建立更长期的链接，形成更长生命周期里的业务闭环。目前，这个商业模式正在快速进化中，一旦成功，我就是那个有远见的人；如果没有成功，我就是那个能力追不上野心的人。还好，目前每个项目的现金流都不错，团队也都给力，市场还是值得期待的。只要我们转型成功，整个事业格局就会为之一变，我们会拥有更丰富的产品线以满足不同用户的需求，避免了很多知识付费团队产品单一、类型单一、价格单一的缺陷。

目前，我们的产品线已经形成免费＋付费、低价＋高价的体系。

（1）免费产品：新媒体推送，直播分享。

（2）低价导流产品：各种图书。

（3）中低端付费产品：价格为129～199元的网课＋免费训练营＋作业服务。

（4）中端产品：699～1299元的在线训练营。

（5）中高端产品：6999～12880元的个人品牌顾问认证班＋个人品牌IP营。

（6）高端产品：20000元的秋叶线下私房课。

未来，我们将推出联名款不二酱等美味食品，价格不贵，复购率高，可以让用户乐意长期和我们的社群链接。

在产品线里，中低端以下产品都是导流的，有薄利就很好；中端产品是可持续的现金收入，支撑业务持续发展；中高端产品是做势能的，打造品牌，也培育未来在现金收入上的高回报。

这样，秋叶团队就从知识产品（包括实物产品和虚拟产品）扩展到知识服务（从训练营到线下课程），从知识服务扩展到电商服务，不断丰富产品线。我们的业务核心逻辑是围绕"人"和"社群"展开的，要成为社群里面高净值人群的贴心合作伙伴。

我的冒险是为了将来整个事业不至于局限在单点而缺乏成长性，必须努力去寻求突破。也许创业就是这样，永远没有办法懈怠，只能一步步将企业经营到一个更好的平衡点，这个过程中把商业模式走通了，你就是赢家，就可以稍微喘一口气——如此而已。

个人品牌IP营的老铁@拖鞋哥对此的看法是："我的理解，一条腿走路，很多时候真的不知道哪里就来了一个天灾人祸把我们给灭了，现金流的多元化和稳定性比暂时的利润重要。企业的多元化是每个企业都需要走的一条路，只是多元化的前提是在某个市场上，团队和市场份额已经足够稳定，只要团队稳定，看到好机会是可以上的。而且秋叶大叔做的基本是同业延伸，经验、流量在很大程度上可复用。"

不过也有人提醒："其实，多条腿走路风险也大，毕竟难以专注其中任何一个方向，在该方向上保持比较大的份额，结果是每一个品牌都处于弱势。"

如何选择是摆在创始人面前的一道必答题。

6.4

课堂复盘讨论：要不要赚快钱

总有人建议我去研究区块链。我的回答是：有观察，有思考，但暂不参与。我说："如果过3年，我的事业做到了一个亿，而且可以持续发展，请问我这3年的发展放在任何一个商业赛道，很慢吗？"朋友说："赚快钱可以，但真的从长远看，发展不好说。"我说："那么用3年时间耐心地把事业做到一个亿，还能带一帮人就业，还能复制模式，请问哪件事情带来的幸福感更强？这就是初心。再说了，快钱挣的一个亿目前还是纸面财富，未必能落袋为安。3年后再看谁更强。在商业社会，大家比的是资源调度能力。"

我不愿意赚快钱，其实很大一个顾虑就是怕我一旦赚到这种回报率100%甚至1000%的钱，我就再也没有办法对赚20%的钱感兴趣，而在这个世界上，绝大部分行业赚20%的纯利是非常非常难的。

如果赚到这样的快钱，有可能养成我的赌徒心理，顺便毁了我耐心踏实做事的心态。

这样的钱和我的价值观有冲突，所以我不羡慕，你们怎么看？

第7章

不重视现金流的企业难以持续发展

　　不能快速带来现金流的商业模式都是经不起推敲的，
重视现金流的企业更容易持续发展。

7.1

创始人必须懂的
财务基础知识

当一个人用个人品牌身份赚钱的时候，是不需要懂太多财务知识的，很多个人品牌打造很成功的人都说自己算不清钱，他们把赚钱简单地理解为收到了多少钱。一旦开公司做创始人，收入就不属于个人，而要进入公司账户。个人如有开支，需要走财务报销流程，公司账户也不能随意给个人账户打款。

我遇到很多个人品牌做得很好的创始人，财务管理知识一片空白，甚至公司财务出了很大的漏洞，他自己都不知道，甚至有时他本人就是漏洞的制造者。创始人在做商业决策的时候，也必须考虑到公司的财务情况。面对公司账户上现金流充足和不充足两种情况，决策往往会完全不同。

创始人需要学会看懂简单的会计报表，如果不懂基本的会计知识，就很可能对公司运营产生误判，导致公司破产。

我们看到过很多企业破产的消息，原因都是公司现金流断了，被迫倒闭。所以，创始人一定要深刻理解：**公司倒闭不一定是因为暂时亏损，而是因为现金流出现危机。**

一些现金流断了的企业，在账面上未必是亏损的，甚至是盈利的。只是对于小创业公司而言，没有现金流入，或者说没有进账，公司现金支付压力会很大。公司经营规模越大，盘活现金流的渠道就越多，这时创始人就需要请一个靠谱的财务总监来管理公司财务。

还有一些公司的收入其实是用户的预付款，只有等完成用户服务，才能真正算作公司的收入。很多公司会挪用预付款，现金流一旦断裂，就会带来很大的经营风险。像我们做在线教育，网课的收入是实际入账收入，在线训练营的收入其实是预付款，只有线上训练营交付完毕，才能算收入完成。

如何知道一家公司的财务是否安全？关键就是利润表、现金流量表、资产负债表这3张表。

首先要看懂利润表。利润表能告诉我们公司经营一段时间后，到底是赚钱了还是亏钱了。这是股东们最关心的。

利润表有一个简单的公式：

利润＝收入－成本

比如，你的公司做手机贴膜，今年签了200万元的销售合同，那么收入就是200万元。假设包括制作成本在内的各种支出是100万元，那么利润就是100万元。制作一个简单的利润表，如表7-1所示。

表7-1　利润表

项目	金额
收入	200万元
各种支出	100万元
利润	100万元

利润表反映的是一段时间内公司的营业收入减去支出的各项成本之后的净收益，即利润。有了利润会怎样呢？比如你的公司有100万元的利润，是不是股东就可以分配这100万元的利润呢？不是的，因为企业还须依法纳税，税后所得的利润才是净利润。假设企业需缴纳税款25万元，则剩下的75万元才是留给股东的净利润。

利润表是一个季度一做，如果当期有利润，就必须缴纳企业所得税，这就意味着创始人必须很好地控制公司的营业收入。

怎么理解这句话呢？假设这个手机贴膜销售合同有两种支付方式可供选择：第一种是合同签订后一次性地将200万元全款支付给你，第二种是每个季度支付50万元的合同款。假如对方公司信用很好，财务状况也健康，你选择哪种支付方案？

如果你选全款支付，那么你就要开200万元的发票给对方，对方按合同约定向你支付200万元。而在第一季度你可能只投入了50万元的成本，那么你的税前利润就是150万元，需要缴纳37.5万元的企业所得税。

但如果你选择一个季度收50万元，制作成本是25万元，每一季度你的税前利润就是25万元，则每季度只需要缴纳6.25万元的企业所得税，4个季度一共才缴纳25万元。所以，理解利润表和所得税的关系，对我们签合同，特别是大项目合同是很有价值的。

第二张表是现金流量表。现金流量表可以帮助创始人解答一个疑惑：为什么我的公司明明有利润，却还是没有钱呢？关键是利润表只认"权责发生制"，也就是只要合同约定了的收入，不管事实上有无发生，就都算是企业收入。而现金流量表只认"现钱"，只有真实发生的开销才进入现金流量表。所以，现金流量表只客观反映你的企业一段时间内的收入和支出明细，并不说明你这段时间是否在赚钱，也许你公司有一大笔利润还在别人公司拖欠的应付款里面。

理解了这一点，你就会谨慎对待开大额发票的事。比如，合同里写着签约后一周内对方公司支付200万元贷款。如果合同是3月20日签约的，那么3月27日这笔钱就会确认为你的公司收入，而不管你是否真的收到钱。

万一对方公司延期支付，到4月份你都没有收到这笔钱，但你又提前开具了200万元的发票，一季度扣除各项成本后，公司账面利润还有100万元，得依法纳税25万元，这笔钱是到期必须要交的。

然而，你的银行账户上只有10万元现金，缺口为15万元，你又借不到钱来周转，于是一家明明还有100万元利润的公司居然倒闭了。

所以，现金流量表是创始人最需要关注的表，它能帮你计算你账面上的钱，帮你判断在极端情况下，这些钱能支撑公司运营多久。

通俗地说，你的公司离倒闭还有多久，就看现金流量表。

缺少原始积累的创业者，理解了流动资金的概念，就懂得尽量选择占用资金少、资金回报率高、资金流动率高的项目起步，这样才能尽快挖到创业的第一桶金。

我是做内容创业的，所以我的企业没有多少固定资产投入，主要是人工费用和营销推广成本，现金流控制也相对简单。关注公司现金流，不仅仅是考虑这个月有没有钱，至少要考虑未来1～3个季度的钱是否够用。如果不够用，公司的业务就会难以持续。要知道，太多的公司之所以死亡，不是因为业务没了，而是现金流断了。说好该回来的钱没有到账，催债的把你告了，你就只好宣布破产。当年史玉柱的巨人大厦就是这样，他的账面上其实还有大量的欠款，但其实这些钱当期都要不回来，公司只能破产。

最后一张表是资产负债表。这个表最大的价值是能用来评估你的企业到底值多少钱，在引入投资、分配股权时非常有用，但对日常经营的指导意义不如利润表和现金流量表那么大。公司在一段时期内亏损，并不意味着公司就是负债的，因为公司可能在前一段时间赚到了足够的利润，从而允许这个季度出现暂时性亏损。那么，公司当前到底是资不抵债还是留有余粮？这就要看资产负债表。

资产负债表也有一个简单的公式：

资产＝负债＋所有者权益

比如，我和朋友各投资50万元开了一家公司，做一款农产品——不二酱，各占50%的股份。我们还借了亲朋好友100万元，约定年利息为10%。那么，这家公司当前的资产负债表就如表7-2所示。

表7-2　公司当前的资产负债表

资产	期末余额（万元）	负债或所有者权益	期末余额（万元）
现金	200	负债	100
		所有者权益（股东权益）	100
资产合计（万元）	200	负债和所有者权益	200

现在公司有了200万元，可以进行各项经营活动。经过一年时间，公司除了200万元本金之外，额外赚到了净利润110万元，要给亲朋好友们10万元的利息，加上借债的100万元，所以负债是110万元，自己的100万元本金加上增值的100万元收益，股东等于拥有200万元的权益资产，现在的资产负债表就应该如表7-3所示。

表7-3　一年后的公司资产负债表

资产	期末余额（万元）	负债或所有者权益	期末余额（万元）
现金	310	负债	110

资产	期末余额（万元）	负债或所有者权益	期末余额（万元）
		所有者权益（股东权益）	200
资产合计（万元）	310	负债和所有者权益	310

这说明公司经过一段时间的运营，资产总体增值了，给股东和债权人都带来了合理的回报。然而这时，我朋友想退出。他一看公司资产负债表，现在公司资产是310万元。他提出："公司总资产310万元，我们各占50%的股份，属于我的资产价值是155万元。考虑到你创业不容易，我就只拿2/3，也就是100万元，剩下的都归你。"但实际上企业的310万元资产，有110万元是属于债权人的。如果负债是110万元，所有者权益就只有200万元，也就是两位股东的权益只能是公司总资产中的200万元，这家公司的负债率也就是110/310，接近1/3。两个股东只能拿走所有者权益的一半，也就是100万元。如果按我朋友的算法，他只要2/3，那也就是66万元。

现在知道资产负债表的作用了吧！

如果你想买股票，一定要看该公司的资产负债表，评估一下其负债率和现金流在同行业同规模企业中到底处于什么水平。不过大企业的资产不仅仅是指实物资产、现金存款、股权投资等，也包括公司的技术资产、品牌资产，有的资产能马上变成现金，有的资产变现比较困难，需要做资产评估。

最后说一点，创业初期，财务规范化其实不是那么重要，公司先活下来更重要，现金流一定要健康。但是，财务不规范不代表就不用做账。只要条件允许，务必一开始就规范公司账目，做好现金流量表、利润表、资产负债表，这对将来公司的运营管理好处多多。

我的公司哪怕只是一个训练营项目，都要求做好利润表，这也是在培养项目负责人的运营成本意识，从而使他能够更好地指导日常工作。

当然，对于这3张表的内容，我只是粗浅地介绍了基础知识，最终创始人还是需要专业人士的帮助，搞清楚税务会计报告、财务会计报告和管理会计报告，建立更完整的公司财务管理知识框架。

7.2 是不是有利润的企业回报就高

先做一个极为简单的财务测试。

假如秋叶大叔开了个网店卖不二酱。3月份进货1万瓶，1瓶成本为20元，以40元1瓶全部卖掉，收到40万元回款。另外，雇员成本一个月是2万元，快递费是8万元。请问：我的网店3月份的税前利润是多少？估计大家很快都能算出来，是10万元（见表7-4）。

表7-4　秋叶大叔网店3月份的利润表

收入	40万元
支出：进货成本	20万元
支出：员工工资	2万元
支出：快递费	8万元
税前利润	10万元

然而，不二酱创始人小红红也开了一家网店卖不二酱，也进货1万瓶，1瓶成本也是20元，以40元1瓶卖掉5000瓶，收到20万元回款。另外，雇员成本一个月是1万元，快递费是4万元。请问：小红红的网店3月份的税前利润是多少？

估计有人算出来的结果是这样的（见表7-5）：

表7-5　小红红网店3月份的利润表

收入	20万元
支出：进货成本	20万元
支出：员工工资	1万元
支出：快递费	4万元
税前利润	-5万元

这个月小红红似乎亏本了。但大家不要忘了，小红红手里还有5000瓶不二酱，这些酱还没有卖掉。如果将来卖掉，还能带来收入，所以用1万瓶酱的成本来计算支出是不合理的。利润的正确算法如表7-6所示。

表7-6　小红红网店3月份的极简利润表

收入	20万元
支出：进货成本	10万元
支出：员工工资	1万元
支出：快递费	4万元
税前利润	5万元

但这种情况下，投资人显然都更愿意投资秋叶大叔的网店，而不是小红红的网店。为什么呢？第一个直观感受就是，同样在一个月时间内，秋叶大叔的网店能够创造更大的利润额。

作为企业，利润额当然越高越好。但是不是利润额高的企业就值得投资呢？

不一定，要看企业的利润率，也可以理解为投资回报率。企业在一段时间内投入的成本越少，收入越高，投资回报率就越高。同样是赚钱，秋叶大叔投入20万元，赚到了10万元，小红红投入20万元，只赚到了5万元，投资回报率显然是秋叶大叔更好。假如秋叶大叔不如小红红有钱，第一个月一开始只能进2500瓶不二酱，那么是谁的公司发展前景更好呢？这就要看两家公司的资金周转率。资金周转率是指企业从投入资金到获取回报的时间。时间越短，资金周转率就越高。小红红的网店按自己的速度，卖掉1万瓶酱需要2个月时间。而秋叶大叔的网店按自己的速度，卖掉2500瓶酱只需要一周时间。也就是说，秋叶大叔先进了2500瓶酱，但是一周后就可以回款补货，再进2500瓶。如果发货及时，秋叶大叔只需要一周的流动资金，就能让不二酱的生意顺顺利利地做起来。从这个角度来测算，秋叶大叔投入5万元买2500瓶不二酱，一周就可以赚2.5万元，回报率高达50%。这5万元资金一年可以周转52次，总投入产出回报率高达2500%以上！

希望这个案例能帮大家更好理解什么是利润总额，什么是利润率，什么是资金周转率，从而从财务角度分析一下自己要选择去创业的项目是否真的具有高回报率。

比如很多人做年费社群，招收的会员的收费标准是365元一年。

如果按这个价格，收100人，其实一共只有3.65万元的收入，服务周期一年，也就是资金周转率很慢，一年才能周转一次。收到1000人才能收入36.5万元，但至少需要3个人响应，人均销售额一年才12万元左右，回报率显然并不高。

这种单价不高的项目，要获取利润只能拼规模。只有具有足够的规模，才能在服务成本可控的前提下，获得合理的利润率，进而得到足够的利润总额。

樊登读书会招收会员，为什么打了折还有利润，就因为樊登读书会的规模足够大。我们普通人简单模仿反而赔本，所以我的个人品牌IP营在很难做规模的情况下，只能走高端高价路线，这样反而能生存。

7.3
好企业要考虑从财务指标上设计商业模式

我们常常说一个公司赚不赚钱，就是看公司的利润总额。然而，公司赚不赚钱不应仅看利润总额，更要看资产回报率。

利润总额很好理解，就是一个财务周期下来，你赚了多少钱。这个总额当然越高越好，但并不是利润总额高就代表企业盈利能力强，盈利能力要看企业的资产回报率。

企业的资产包括固定资产和流动资金两部分。比如，一个企业赚了1亿元，但是企业一年投入运营的资产规模是100亿元，那么它的资产回报率只有1%，利润相当薄。

另一个企业赚了1000万元，但是它一年投入运营的资产规模是1亿元，这样算起来这家企业的资产回报率反而有10%，投资这家企业获得的回报会更好。

谈到投资，我顺便谈一下巴菲特的价值投资思维。不少人听到的是"巴菲特认为，投资有10%回报率的企业就是好生意"，但我认为，事实上巴菲特更看重的是，企业在某个市场上拥有的垄断份额或者垄断了消费者心智。即便这样的企业利润暂时糟糕，它也是一只潜力股，巴菲特可以通过引入资源、推荐优质经理人、改善企业的成本结构等方式，让企业赚钱，让其在资本市场上有耀眼的表现和稳定的分红。所以，巴菲特不是简单地投资企业，而是深度帮助一个企业成长为赚钱机器。他提供了一个人脉网络帮助企业成功，而不仅仅是做了低买高卖的"价值投资"。

从某种意义上来说，我的创业投资技巧是从巴菲特身上学到的，不过我不是投项目，而是"投人"。我如果发现了能成为"潜力股"的人，就给他设计好的商业模式，给他创造信心，配置启动资金，配置靠谱的队伍，让他把事业做大、做成功，我前期深度参与，后期就可以放手享受红利。

我长期"泡"在社群里，其实都是在观察人，判断他的商业才华、个人性格、抗压能力，希望有一天我可以给他一个可能，让他给我一个惊喜。因为，没有什么投资能像投对人那样一本万利。

在未来的服务行业，人也是资产，我认为以后谈资产回报率应该加一个指标——员工回报比，即：

员工回报比＝员工平均产值÷员工平均收入

这个指标是我评估自己公司的一个经验公式，没有得到权威认可，大家可以参考。员工回报比越高，说明你"投人"的眼光越好，带的团队越给力。当然，也要综合看员工平均收入是否合理。

比方说，我朋友的公司做外包，公司营业额为10亿元，看起来很厉害。但是，公司有一线在岗员工4000人，人均产值是25万元，人均年薪10万元（公司员工的平均收入）。

按上文的公式计算，员工回报比是2.5。

我的公司，员工平均产值是50万元，员工平均收入是12万元，远远超过武汉当地人均收入水平，员工回报比约是4.2，员工薪酬虽然高，但是在整个成本结构中占比还算合理。

对于资产回报率，大一点儿的公司还得分固定资产投资回报率和流动资产投资回报率。比如，一家出版社的财务报表显示该社的资产回报率是10%，数据还不错。但它的资产回报率有9%来自该社闲置的写字楼房租，那么它的主营出版业务，也就是需要流动资金带来的出版业务的收益只有1%，这说明这家出版社的主营业务投资回报率很差。

不过反过来说，当一家公司很赚钱，但又缺乏扩大市场份额的空间时，多余的公司利润怎么办？

的确可以购入一些回报稳定的固定资产或者其他流动性强、回报安全的项目，比如国债。这样，当公司核心业务遇到麻烦时，这些非核心业务的资产组合能很好地支撑公司财务报表的资产回报率。

其实，这个做法就是畅销书《反脆弱》里面的投资建议，即用不同回报率的资产组合来对抗波动性和世界的不确定性。

比如秋叶商学院线下B端业务，一开始有3个项目：第一个项目是和行业渠道机构绑定，请他们推广我们的网课，并稳定地获得一些培训订单；第二个项目是和一些大客户绑定，成为企业的培训合作伙伴；第三个项目是开展PPT定制业务，通过定制业务发展新的培训客户。这种项目组合就是为了规避单一项目发展不顺利，导致公司经营现金流出现困难的风险。

秋叶团队的职场新人技能课程，起初的核心业务是网课，一开始回报率还不错，但很快流量成本上升，必须做相对高单价的在线训练营获得利润。尽管线上业务利润率还不错，但很容易受市场成本和学习风向变化影响，缺乏反脆弱能力。所以，我们开辟了图书出版、线下私房课、高端社群等多个新业务，逐步尝试转型社交电商，这都是为了丰富公司的业务线，形成资产组合，对抗单一业务的运营风险。

公司的核心业务不需要依赖某一个具体的业务，但所有业务形成合力最终会对公司的资产回报率有很大贡献。

那么，公司资产回报率是不是越高越好呢？也不是。好的公司运营还追求用尽可能少的资产带来更多的回报，在项目成本一定、收入一定的情况下，项目的毛利润率是很难改变的。如果项目的利润率很难改变，要提高资产回报率就只能用现有的投入多做几个项目，这就提高了资产周转率。

比方说，我们做一个大项目，合同金额也许是100万元，利润是10万元，但是项目周期长，一年才能回款，启动资金就需要50万元，那么这50万元的流动资金一年只能赚一次钱，资金周转率很低。

而另一个人也许只是卖早点，每天可以卖5000元，但是利润是1000元，每天只需要4000元流动资金就可以开业。更重要的是，他这4000元当天就能收回，每天周转一次，每天赚1000元，一年下来反而可以赚36.5万元，远远比100万元的大项目赚得多。

这就是有些做小本生意的老板赚钱比做大生意的老板还多的原因——他做的项目简单，资金周转率高。但这样的项目也有竞争，很难做大，就是一份每天都要亲力亲为的辛苦工作。

我举的只是极端的例子，要明确的一点就是：

公司财务健康的一个重要指标就是资金周转率。

资金周转率甚至比单个项目利润率还重要。如果我们能提高项目的资金周转率，就可以接受低利润率，让利给合作伙伴或者用户，扩大市场占有率。反正我们资金周转快，可以通过时间累积实现高利润率。

资金周转快，公司的现金流才可能健康，不用担心资金链断裂，用更少的资金撬动更大的业务，这就是我们经常说的某些人"财技"了得的真实含义。

另外，还得说明一点，不管是固定资产还是流动资产，都可以提高资产周转率。比如，工厂投入了一批设备，但是设备开工率不足。别人家的设备三班倒，这家工厂的设备8小时开工率都不能保证，那么它作为设备投入的固定资产回报率肯定就不如同行。所以，公司做固定资产投资要非常小心，一定要避免盲目扩张，导致资产利用率不足，资产周转率低。

那么，流动资金周转率最怕什么呢？最怕甲方已经满足了付款条件，却因为种种原因而拖欠。乙方有一堆款应收，但都收不回来，为此需要大量的公关成本。

有些项目收入，在财务报表上数字很好看，但业内人士都清楚这些钱收不回来，属于死账呆账，只是暂时不捅破而已。

市场经济也是信用经济，如果一个企业不赖账、不拖欠，及时付款，那么就会为企业赢得好名声，这样的企业在对外合作时往往会得到合作企业额外的照顾。苹果公司能拿到最低的供应链价格，除了采购量大之外，向经过审核的合作伙伴一次性支付费用，也是他们的谈判策略。因为像苹果公司这样的企业，现金储备太充足了，就可以用现金支付的优势压低供应链成本，让企业利润报表好看，从而抬高股票价格，让投资人满意，怎么算都是一笔好买卖。

7.4
创始人可以用哪些方法找到创业启动资金

从办企业的角度看，创始人最重要的工作是先筹到资金。没钱的话连注册公司都搞不定，公司一旦成立，要花钱的地方总比你预想的多。

没有多少人是含着金汤匙出生的，创业的启动资金总是要筹的。说到筹钱，无非是如下几种模式。

1. 最无奈的策略：向身边的人借

这是"穷人"创业的策略。做小本生意，亲戚朋友借一圈，凑得起来就开始干了。很多创业者的选择是，自己先去给别人打工，赚一点儿钱，再出来自己创业。

2. 最低效的策略：向银行借

其实按利率看，银行的钱是使用成本最低的钱，不需要欠人情，公事公办，能从银行贷到款当然是最好的。不过，银行现在对中小企业或者个人创业者贷款要求抵押担保，流程相对复杂。

当然，现在支付宝这样的平台也提供了小额信贷服务，我没有试过，不知道有没有朋友可以分享一下自己的经历。

有一点要注意：创业时万一钱不够，千万别借高利贷，没有多少项目的长期回报率能够跑赢高利贷的高利率。

理性的创业者应该给自己留下翻本的钱，不能随便孤注一掷。如果发现项目看不到盈利的希望，要提前设置止损点，和炒股一样，该割肉就割肉，反正人生很长，不急于这一局就摊牌。

3．最常见的策略：向合伙人借

现在流行合伙人创业。很多人合伙的目的，一是凑团队能力，二是凑钱做事。这种模式的本质是出让股份，换取创业需要的必需资源。合伙有如下3种形式：第一，股权合伙。不同股权要求投入不同的启动资金，目的是一起把事业做起来。第二，找人做天使投资。前提是项目得有"天使"看得上。第三，项目合伙人。各人把各人的项目带进来，按项目独立核算，但可以一起办公开票，节约运营成本，很多培训讲师就是这样合作的。

4．最具风险的策略：向供应链借

这种一般是有信用的大公司或者有实力的人的玩法。比如，某房地产公司拿到地以后，可以把地抵押给银行，以获得流动资金去做营销推广，再请建筑商垫资做项目，等楼盘封顶后就可以去卖楼归还借款。这样可以快速回笼购房者首付款和银行贷款资金，再滚动支付资金还银行贷款和基建商垫资。如果一个房地产公司同时开发多个楼盘，每个楼盘资金回笼情况都不错，企业信誉又很好，能得到银行支持和建筑商信赖，就可以这样用比较少的资金撬动很大的项目。

当然，这种做法需要承担比较大的资金杠杆风险，不管是企业还是个人，都需要谨慎使用，量力而为。

5．最聪明的策略：向用户借

刚创业的小公司其实大都是这样做的。很多人都是带着项目创业的，也就是拿到甲方的预付款，有了启动的资金，然后才慢慢走向正规化运营。

这也是我要重点介绍的，因为我指导的3次创业都没有动老本，没有动私房钱，算是无本生意。我是怎么做到的呢？

思路1：出版社模式。

2013年我创建秋叶PPT的时候，是没有启动资金的。因为自己早年做过一次买卖，吃了亏，老婆对我看得紧，绝不会让我胡来。

我还发现在教育行业的玩法是先召集一帮老师封闭开发课程，然后推出课程到平台上去卖，赚到钱大家分。这个模式没有问题，但是一开始就得养很多人，运营成本很高。万一课程卖得不好，这些人养还是不养呢？这时很有可能请神容易送神难。

这时我想到我出书的经历。图书出版有种模式是主编策划好选题，组织一批人写稿，稿件出版后大家根据贡献按比例分稿费。所以，我就找了一帮小伙伴分头按我策划的大纲和要求集体开发课程，并约定获得销售收入后大家根据工作量按一定比例提成。

为了提高大家的积极性，我承诺了一个很高的分配比例。但如果按这个分配比例，未来课程是没有钱赚的，所以我做了一个很重要的分配创新，这个创新就是当顾客增加到10000人后分配比例要大幅下降。

我的运气很好，当时没有人觉得课程能卖给10000个人，所以大家都很爽快地答应了。就这样，我没有花一分钱就启动了课程开发，相当于我是出版社，组织大家写了一本书，通过网易云课堂去卖，网易云课堂就相当于京东或当当。

思路2：众筹模式。

2016年，我请合伙人邻三月一起做高端社群项目时，告诉她说，要让这件事情成功，起步就至少得配置3个人。但是你得准备养6个人一年的费用，起码需要100万元本钱，这当然超出邻三月当时的经济能力。但如果不做好投入的准备，万一项目几个月都没有收入，大家心里不安定，担心公司发不出钱，反而留不住人。于是我让邻三月发起一个众筹项目，约了9位大咖，出让10%的利润给大家，1个点4万元，通过股权众筹解决了启动资金的问题。不过，邻三月还是保留了自己的绝对控股权，让公司可以按自己的意图发展，不至于因为股东看法不一致导致经营方向难以确定。

思路3：预付款模式。

2018年年初，我筹划新媒体商学院。这是一个面向企业的内训项目，启动阶段其实不需要太多人。但是即便是两个全职人员的工资，加上进行市场拓展的各种开支，没有启动资金也是不行的。

我就去线下和一家职业教育培训机构谈合作，让新媒体营销系列教材的作者成为这家合作公司的课程开发顾问，我们按年收取一笔顾问费，帮他们开发新媒体线下职业内训课程，这样我们就获得了一笔确定的预付款。这笔钱不多，但对于启动新媒体商学院来说足够了。

思路4：加盟模式。

邻三月在运营社群运营官项目时提出项目合伙人的概念，即在不同城市发展行业或者独家合伙人，其可以独家承办社群运营官的线上训练营课程。我们承诺给合伙人足够的课程主办收益回报。合伙人如果要加入，就得提供一定的押金，这样也会促使合伙人在当地努力工作，企业也就获得了可以支配的流动资金用于更多的市场拓展。

获取启动资金的思维模式无非是用时间换空间，用空间换时间。比如：

◆ 用未来的收益回报换取合作伙伴的投入；

◆ 用按时交付产品的承诺换取用户的预付款；

◆ 用精心设计的服务体系换取用户的加盟意愿。

如果我们需要资金做事，那么我们就承诺在未来可以预期的时间内给对方超出常规回报的空间，换取对方现在给我们一定的资金支持。我认为，要获得创业启动资金，与其盯着风投，不如瞄准市场。获取创业启动资金最好的方式是从市场里面要，市场一旦认可你的产品或服务，你就总能有办法找到人买单，这些反而是最靠谱的钱，也是最能让你的项目真正踏实启动的钱。

7.5
遇到快钱要不要赚

我提过一个思考题：如果有一个项目能赚不少钱，但只能赚一次，你赚不赚？为什么？

同学们的回答大致分3种。

（1）不参与。因为短、平、快的一次赚钱项目，一般会消耗自身的信誉和宝贵的IP流量，不划算。还有人认为，时间成本是最大的成本，要做能用时间积累获得指数增长的项目。

（2）赚！机会难得，不容错过，赚到的钱可以作为资金积累。

（3）看情况。如果时间和精力允许，不赚白不赚；但是如果太费时间和精力，以至于会影响到本职工作或者事业，那就不赚。

快钱该不该赚？不同的人会有不同的答案。但我们今天的讨论重点不是简单的该不该赚，其实在企业发展的不同阶段，我们会不断遇到诱惑，让我们感到自己很确定的事情不断受到挑战。

比如，我原来也很确信，要把时间用于创造可持续赚钱的模式，这才是对待事业最好的方式。但是我发现，创造好的可持续赚钱的模式需要一个周期，这个周期中需要各项运营成本。如果我不去赚这笔快钱，我的运营现金流就会出问题；如果我去赚这笔快钱，我的核心业务周期肯定会拉长。这是一对矛盾。

在项目管理理论里面有一个项目三角形（见图7-1），实现一个合理的项目目标有3个关键维度，即项目的进度、项目的成本和项目的质量。

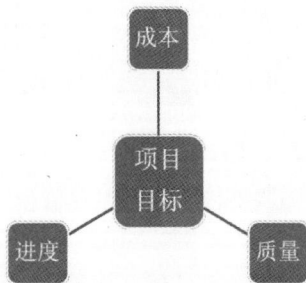

图 7-1 项目三角形

很少有人能正确地解读项目三角形，它背后的真实含义是要实现一个项目目标，很难同时做到三者最优。如果成本没有限制，我们往往可以投入足够多的资源以保障进度和质量。但是现实中，我们往往因为成本压力，不得不牺牲质量或者拖延进度。如果要创造我们事业当中的一个大项目，我们就要理解，要实现这个目标，我们面临哪些资源限制，我们需要把这些资源限制列出来，然后问自己一个问题：赚这个快钱对我解除这些资源限制有帮助吗？

当年马云做电子黄页，他的团队做研发、做推广，遇到的阻力很大，迟迟打不开市场。为了生存，马云开过翻译社，倒卖过小商品，用各种方法赚钱，让公司团队活了下来。

1998年，门户网站新浪、网易、搜狐纷纷拿到巨额投资，要用互联网改变中国，结果钱烧完了，还没有找到盈利模式。最后拯救这些门户网站的是付费彩铃这样的和移动运营商合作的SP业务，正是这些项目获得的快钱让这些互联网公司熬到了找到盈利模式的那一天。

在公司找到稳定的现金流之前，我们的吃相是不会太好看的，要先赚快钱维持住现金流量，让公司活下去。但是，快钱带不来真正的现金流量。

创始人一定要认识到哪些工作是赚快钱，哪些工作是构建商业模式，这一点是非常重要的。不论你有没有在赚快钱，每天你都得思考，你所做的事情是让你离你的目标更近了还是更远了？

快钱，也许是这次赚到了，下次就没有了。但是，须知：

好的现金流＝生命周期长的产品组合＋有合理回报的定价＋稳定的流量渠道＋合理的促销支出＋稳定的项目团队

显然这是一个系统工程，很难一蹴而就。那么快钱该不该赚？在没有构建好现金流模式时，有机会赚快钱就可以赚，事实上是一定要赚，但是一定要意识到赚快钱是为了获得利润，以培育自己的现金流模式。

快钱靠"抢"，现金流靠"养"。

上面的讨论其实有一个隐含假设，即我们的公司已经找到了自己的现金流模式。但实际上，我们需要进一步思考：创业者面临的挑战是什么？

其实，挑战是如何把一桩生意变成可复制的事业。但问题是：

大部分初创公司是计划赚A方向的钱，结果做了B方向，最后在C方向上活了下来。

从这个意义上讲，赚快钱对于这些初创公司不但不是坏事，还很可能是实现事业转型的机会。

比方说，秋叶集团2021年开始专注做0～5年职场人的学习解决方案，但是我们为了解决现金流问题，可能会接一些不同品牌方的广告业务。这属于一笔核心业务之外的快钱。但是，赚的这笔快钱也使我们有更多资源切入职场新人职业能力教育。事实上，我们还能通过广告主投放了解到不同行业的产品转化模式和转化率，这也启发我们对整体业务做相应的转型，也给我们团队提出了更高的运营要求。

就算快钱不是未来潜在事业转型的需要，也可以让它成为培养团队能力、培养合格员工的辅助资源。

2017年，我们连续做了4期线上训练营，分别是每人999元的潜能孵化营，每人599元的头条写作训练营，每人699元的头条电商训练营，每人699元的百度写作训练营。这些训练营给我们带来了近150万元的现金流入，极大地改善了当时的经营业绩。但这些项目都只能做一次，可复制性并不好，那为什么我们还要做呢？

这是因为在线训练营这个项目在2017年年初处于初创期，我们只是感觉到在社群经济领域我们能做成事情，但这个事情到底是什么我们并不清楚，我们还没有找到商业模式。但是作为一个初创公司，我们又处在一个快速发展而不确定性很强的行业中，风口是3个月一期，错过就没有了。所以我们当时不能把时间过多地花费在讨论做什么模式靠谱上，而是选择努力去市场上赚钱，不管赚得到赚不到，市场会告诉我们答案。

我们连续开办了4期训练营，获得的好处非常多。

第一，我们积累了丰富的线上训练营的运营经验。一来这些经验一部分被收入新书《社群营销实战手册：从社群运营到社群经济》中，使得该书和其他同类书明显不同；二来我们获得了体系化输出训练营管理和实施的培训能力；三来我们积累了运营更高端训练营的信心和经验。

第二，因为有了训练营的收入，我们就可以大胆招人，并且通过4期训练营培养了两个能胜任社群工作的优秀员工。

第三，因为训练营连续成功举办，我们积累了一大批"铁粉"，这些"铁粉"成为我们下一步业务转型可依托、可信赖的核心资源。

但是在2018年，我们多次拒绝了办各种699元训练营的合作要求，因为我们意识到在线训练营模式有其局限性，我们已经触摸到未来要转型的商业模式。在这个阶段，我们有了基础资金积累，有了能干的员工，有了信任我们的"铁粉"，就不愿意把时间花在赚快钱上面了。

IP营一位小伙伴的思考可能对大家有所启发：

在还没有核心产品，团队没有产生核心价值观时，这个快钱我想去赚。当然，也要考虑进入的是否是熟悉的领域，团队成员的能力是否足够，这个项目需要的时间成本和投入的资金。如果评估后认为其是一个自己擅长的领域，团队成员能力可达预期，时间和资金成本可控，我会去尝试体验新的可能，积累经验，赚一桶金。

如果我的项目已经正常运行，这个快钱与我的产品核心价值不符，那我就坚决不会去赚，我相信打造核心产品比赚一次性的快钱更重要。

再思考一下，你不想赚的快钱，能否让它成为你合作伙伴公司的收入呢？面对赚快钱的机会，如果你经过权衡后并不想赚，而这个赚钱的机会又是很有价值的商机，你就完全可以想一想在你的人脉圈里谁会对这种业务感兴趣，把这样的机会介绍给感兴趣的朋友。这样做等于给朋友创造了机会，能扩大你的影响力。

我因为做PPT小有名气，很多人想请我给他们改PPT，但是定制PPT对我们秋叶PPT团队而言其实是一个低回报的业务，直接拒绝是最简单的方式。但是找我的人很多是朋友，拒绝帮助别人等于断了人情，所以我有一段时间的选择是找了一家在武汉的PPT定制机构，遇到这样的业务就介绍给他们，这样对他们来说是创造了业务来源，对我的朋友来说也解决了问题，皆大欢喜，我甚至还能因此得到双方的感谢。我这样做没有任何损失，介绍他人合作也是举手之劳，基本上就是拉个微信群，让他们自己对接，不耗费我多少精力。

另外，我要再补充3点。

（1）如果赚钱的事情违背你自己的价值观，那是无论如何都不应该去做的。钱可以不赚，人不能没底线，特别是在你有选择主动权的时候。

（2）要用资源管理的思维去看待你的时间和收入，不要认定最值钱的永远是时间，而是要问自己做了这件事是否能让自己的资源调度能力变强。

（3）不要简单地用投入产出比的思维看项目，有些项目的投入产出比对增加现金流并不利，但是对于维护资源关系很有帮助。

对于创始人而言，很多事情没有标准答案，是需要权衡的。但是，如果我们冷静思考了自己所处的创业阶段、自己所缺的创业资源、自己未来希望保留的发展弹性，就更容易做出对自己更合适的选择。

7.6
不想提心吊胆，那就学会做年度资金运营规划

刚开始创业时一无所知，走到哪里算哪里，这很正常。但公司发展已经进入第二年还这样，就很不正常了。

很多人看我做事，说我总是很镇定，不会因为网上一点儿风潮变化而焦虑。其实我不焦虑，是因为我搞定了现金流业务，而且知道如何运营可以持续不断地获得现金流。公司天天有合理的收入进账，我就不担心小伙伴没有工资拿，当然就没有必要自己给自己压力，一惊一乍的。更重要的是，我们小公司运营的秘密是：**今年努力赚出明年的运营钱**。

很多创始人焦虑的原因是今年赚到的钱不知道明年还有没有，从没想过今年就把明年应该支出的钱先赚出来，明年就用今年赚到的钱做运营基础，努力赚后年需要支出的钱。特别是到处借钱的创始人，他们做事的模式是预支未来的钱来抢今天的钱。如果钱赚到了，心情会好一点儿，但是还得操心明年的运营。我们的做法是：今年赚到的钱，除了发给员工的部分、股东必要的分红部分，其他全部做未来一年的运营经费。

一个人要做大自己的事业，就要持续投入，不能赚了一点儿就想分钱，这是小农经济思维。

要做大自己的事业，其实每年10月底就要开始测算明年全年的基本盘，思考大概做多大的规模，做哪些业务，需要用多少人，各项成本大概是多少，需要多少开支，这些开支大概发生在哪个月份，现金储备是否足够支撑这样的规模。

如果我们的测算结论是现金储备有压力，一方面我们会争取从第二年赚取的利润里补一点儿，另一方面我们也可以收缩自己的业务规模，不追求过快的业务扩张。最重要的是让团队的能力跟上创始人的野心，而不是拔苗助长。

我认为，创始人知道明年大概的支出，就可以提前做好整个团队的工作安排，可以更加从容地面对这个世界的不确定性。

作为创业小团队，你可以把创业过程理解为贷款买房，赚到一点儿钱千万别大手笔地花出去，一定要先留够还贷款的资金和日常生活开支。

如果我们理解了前面提到的各种经营成本，就可以更加准确地测算公司一年的潜在支出，结合我们的重点市场营销活动预算，就可以大概预测我们的年度资金规划。

为什么很多创业团队总感觉自己的发展是在碰运气？因为他们没有做年度财务报表和规划的习惯，他们需要花费很长时间才能意识到做这件事是非常有价值的。未来越是不确定，越要提高自己做年度规划和财务预算的水平。别人算不清楚，你算得清楚，赚钱的人很可能就是你。

7.7
课堂复盘讨论：为什么我组建团队之后，反而赚不到钱了

个人品牌IP营有位会员说，一个人活成一个团队的时候，年入百万，后来组建了团队，年底一算钱，利润只有几百块，不知道问题出在哪儿。

一个人活成一个团队，是个人品牌打造初期的必经阶段。

这个阶段的价值，就是做MVP，验证定位和产品。

在定位和产品没有得到一定规模市场的验证，流量没有稳定来源的时候，盲目建团队、搞扩张只有一个后果：将原本健康的现金流消耗一空。

现金流出现问题，第一件事就是裁员，说好听一些叫减员增效。一切又回到原点。

对于想招人组团队的朋友，我通常会给以下两个建议。

1. 先算钱

很多朋友招人之前，从来没算明白过钱。等人都招聘来了，才发现，"哎呀，怎么赚的钱还少了呢？"

我们用最常见的训练营来粗略算一算，招聘一个全职员工的成本。

一个收费999元的21天训练营，如果招聘1个全职运营，每个月工资按照6000元计算，这就意味着6个学员养1个运营。当然，6000元肯定招聘不到特别优秀的运营。

按照渠道引流的行情，1个付费用户，需要支付的流量成本是收费的30%。也就是说，实际付出的成本是$6000+999×6×30\%≈7798$（元），约等于8个学员养1个运营。

也就是说，新招一个全职运营，还想要保证收入不减少，相当于每个月至少要多招收8个学员。

如果招聘的这个运营能够给你带来相当于8个学员的收益，能打平，那真是捡到宝了。如果不行，现金流就会损失，还不见得会省心，是不是不如自己干？这还没算培训成本和管理成本，都算上，会高到让你怀疑人生。

有朋友跟我畅想未来的时候，一开口就要招3个人，一个运营、一个课程开发、一个商务。我就跟他算钱。往往一算钱就清醒了。招了人，就得有能力喂饱。喂不饱，搞得自己劳心劳力还没饭吃，何必呢？

2. 搞清楚是自己需要招人，还是业务需要招人

很多时候招人不是因为业务需要，而是因为自己心理需要。什么意思呢？

有位朋友想多招3个课程老师，把以前的个体户生意做成培训学校。

我问他："每个月的新增学员数量是多少？"

他说："新增也就几十个人。"

我就不懂了："每月新增几十个人，喂得饱3个新老师吗？"

他说："有了新老师，我就可以开新课，就可以招来新的学生呀。"

原来搞了半天，不是因为用户多到一个人服务不过来，而是因为他想扩大规模。

想做大也没问题，但是这位朋友的优势是在教学，而扩大规模的要害在吸引新用户。那么他继续招老师，就是给自己找来几个分钱的人，而不是能帮他赚钱的人。赚不到钱光分钱，这生意还怎么做？

招人组团队，目的是找到合适的人，一起来赚更多的钱。所以，优先考虑互补，把自己从短板上解放出来，专注优势领域，把事情做好。

我建议这个朋友，先找营销推广能力强的团队成员，等这个人到位了，再去招老师。因为他并不懂营销推广，当然也就不清楚这个岗位的能力要求，需要花费更多的时间和精力去做判断甚至考察，越早开始越好。

对于老师他门儿清，一聊就清楚这人能不能用，圈子人脉也在，招人的效率高很多，反而不用着急。

招人组团队，出发点一旦从"有必要"变成了"我觉得"，那就是在给自己挖大坑，一陷进去没有一年半载都爬不出来。

避坑大法有3条：

第一条，先定业务目标，特别是营收目标。

今年要做成什么样，如增加多少"粉丝"、开发多少产品、招收多少学员、赚多少钱，等等。

第二条，根据业务目标评估自己的优势能力和短板，明确"必须"补足的业务能力。

这一步，实际上是在定考核标准。知道了怎么考核，自然就知道了需要招聘什么样的人。

第三条，根据需要的业务能力定招聘条件和可支付的成本，把所有渠道都用

于招聘人才。

有朋友招人组团队是倒着来的，眼前的事情没人干，就想着先找个人填坑。可是，这真的不是填坑，而是在给自己挖坑。

个人品牌要实现从单打独斗到团队作战的跨越，并不是招几个人这么简单，而是对管理能力的一大挑战，涉及业务规划、团队能力建设、标准化流程、协作机制、成本核算等多个模块。

哪怕只有几个人，这些事情最多能简化，而不能不做。

有时候判断一个团队的生命力，去看有没有标准化流程、有没有不断优化的协作机制、有没有清晰的业务规划以及最重要的——账算得清不清楚，比看表面的成绩要有效得多。

第8章

不懂成本控制的企业
没有竞争力

要想让一个企业的现金流保持健康，就得控制固定成本投入，合理压缩可变成本在营业收入中的占比。

8.1
从运营的角度看成本控制

我们常常说企业要有好的现金流，要做好成本控制。这句话没错。但是大部分创始人不是财务人员出身，计算公司的收支往往简单地停留在"我最近赚了多少钱，花了多少钱，剩下的就应该是公司利润"这种认识上，这种收支计算思维会导致巨大的成本管理失控。

如果公司业务简单，规模不大，没有大的启动投入，这样计算问题不大，但也会让创始人产生一种错觉，以为公司赚钱或者回报率不错，实际上未必如此。

谈到钱，就要求创始人有固定成本和可变成本的概念。什么是固定成本？简单地说，固定成本就是业务一开张，不管赚钱不赚钱都必须要花出去的钱。比如，开一家餐馆，固定成本可能包括加盟费、一次至少交半年的租金、装修费用、开业前3个月的人工基本工资、各种营业执照和证件的办理费用等。不管你有没有生意，这些钱都是必须花出去的。

有一部分固定成本是可以回收的，比如固定资产，像装修、桌椅、家电等，但必须折旧，不可能按原价计算。

什么是可变成本？简单地说，可变成本是随着业务规模扩大需要增加投入的成本。

还是以开餐馆为例，每天买菜的费用，工作人员按销售额领的绩效工资，这些都是可变成本。这些钱不怕花，甚至花得越多越好，这样的钱花出去，说明公司的业务运转良好，大家可通过创造业务价值来获得更多的收入。

比如，我们开秋叶线下私房课，如果来20个学员，住宿成本就是10个双人间的成本。但是如果是50个学员，就是25个房间的成本。来20个学员，我们需要准备的点心的成本和来50个学员的成本是不一样的。同样，我们来20个学员和50个学员，给员工发的提成也是不一样的。这些都是可变成本。

比如，在秋叶PPT团队刚刚成立的时候，为了控制成本，我和团队约定大家的收入来自实际销售收入的一定比例。也就是说，有收入大家就有钱拿，没有收入就没有钱拿。作为一个在线教育创业项目，当时不需要投入门面租金，不需要仓储物流成本，属于固定成本非常低的启动状态，只需要人工成本。而我把人工成本和收入100%地挂钩，也就让公司在早期不需要投入很大的资金，某种意义上实现了零成本创业。

这种创业机会非常难得，因为输不掉什么本钱，但如果能赢，就可以拿下一个"金矿"。但该模式只能由创业核心团队承担这种风险，或者大家对项目未来有充分信心时才能采用。

当初我也承诺，如果课程卖得不好，我会补偿每个课程老师一笔费用，不会让他们白忙，好在最后的结果是赌赢了。现在秋叶团队规模已经扩大到了100人，固定成本开支就少不了，人工基本工资、五险一金，房租、物业费、水电费，员工宿舍费用，公司日常运营的开支，这些都是刚性支出，是必须开支的运营成本。

公司不管有没有获得收入，固定成本都是需要支付的。要摊薄固定成本，创业者就得做大经营规模。但是要扩大营业收入，也要支付购买原材料、加工生产、物流运输、商务沟通、交纳税款等一系列开支。这些开支只有在发生业务活动的时候才支付，业务规模大时成本总量就大，业务规模小时成本总量就小，因此这种成本叫作可变成本。

要让创业公司的现金流健康，就得控制固定成本投入，压缩可变成本在营业收入中的比例，但这往往和员工满意度、客户满意度是矛盾的。所以对创业者而言，真的是要天天盯住自己的现金流，否则很容易出现钱不够花的情况。

创业者可以通过写项目计划书，像真实运营一家企业一样分析运营成本。比如，如果产品要生产，创业者就得解释如何解决厂房、设备采购、雇用生产人员、采购原材料和仓储物流的成本。如果是农业产品，也许还得考虑生鲜农产品冷链的成本。这还不包括营销和渠道成本，也没有考虑售后服务成本。为了节约成本，创业者可以采取生产外包、自营渠道和服务的模式。

如果你的产品要做研发，你就得解释你的产品是如何延伸规划，形成系列化有竞争力产品线的问题。研发费用的投入、研发队伍的稳定性成本、研发成果的商业化转换成本就是你在计划书里要重点讨论的问题。

有的渠道需要进场费，有的渠道需要厂商的促销支持，请问如何解决进场费支出？如何做渠道促销方案？一次促销成本是多少？转化率大概是多少？这都需要有比较详细的数据分析，才能让方案看起来靠谱。

即便是项目型创业项目，也需要单独核算一个项目的成本到底是多少，由哪些部分构成，在项目周期内能否盈利。

如果是产品，只有在分析清楚单品成本、单批次成本或者单项目成本是多少的基础上，才能预测企业的发展规划，包括近期做哪些事情，拿下多大的市场份额；未来做哪些事情，拿下哪些市场；企业的规模和利润率是否可以合理地增长，成本是否可以控制；等等。

财务分析计划书不一定非要严格地做三五年的财务报表，但是要明确你做的产品定价是多少，成本（包括人工、原材料、生产制造、物流仓储、营销推广、渠道分成、售后服务等核算，可以按项目核算、按经济产量核算、按产品核算）是多少，毛利润是多少，扣多少税，由此得到企业的纯利润，这样就可以算出你的项目的投资回报率。

有固定资产投入的，可以将其摊到5年内核算投资回报率。如果是需要启动资金很少的项目，就更简单。

如果投资回报率高，那么就可以吸引投资者用股份或者风投的方式加入。但要提供对投资者的回报设计，比如上市、并购或者分红。

如果现金流周转很快，回报率也足够，并且不需要投资人，那么只需要解释你的项目发展规划即可。如果创业者项目经营情况不错，但是现金流压力比较大，则要考虑引入投资者作为公司股东合伙人。投资者最大的价值是提供了企业运营需要的资金，帮创业者分担企业经营的压力，让创业者可以集中精力做好业务。万一创业失败，投资人也要风险自负，承受投资失败的风险。

作为创始人，要思考的问题是：你的公司业务开支中，哪些开支属于固定成本？能否将其压缩或优化？哪些开支属于可变成本？能否扩大可变成本在总开支中的占比以降低运营风险？

比如，有的创业公司讲究办公环境，给员工配备极为舒适的办公桌椅，还大搞下午茶空间，从外人的角度看，公司特别有范儿、有情调；但从运营的角度看，这会极大地导致公司的固定成本增加，这些固定成本的增加能否足够提升员工满意度，创造更高的工作价值是很难说的。

2017年，秋叶团队最多时18个人挤在一个小LOFT房间办公，上个洗手间还得同事让座。之所以这样挤，就是为了节约公司固定开支。这样，在同样的营业收入下，公司的利润就会好看一点儿。

2018年，秋叶团队搬入了380平方米的写字楼办公室。我们团队负责人非常得力，他和房东谈判，拿下了3年房租不变的协议，这就使得未来3年我们公司在房租支出方面的运营成本可控，同时又兼顾了公司未来发展需要的办公场地，节约了搬迁成本，减少了搬迁对业务带来的影响。

这些运营细节看起来不起眼，但公司的利润就是这样一点点省下来的。

即便是可变成本，也可以节约。比如，秋叶网课每次做大促销活动都要送书，我们会提前留意网店促销活动，趁活动多买一些折扣大的好书，这就降低了营销成本。

再如，我们经常需要给线上训练营的学员送礼物，过去是每次遇到事情临时选品、临时采购，花费时间多，采购批量小，成本高，效果还未必好。经过一年运营，我们大致可以估算出一年的运营安排，也就可以估算出赠品的需求量，于是我们干脆在年初就提前策划好赠品组合，提前一次性购买回来，这就把每次业务的可变开支变成了固定开支。

表面上看，我们做赠品组合、随手礼组合是增加了一次性固定成本投入，但是由于采购单价大大降低，礼物的个性化程度大大提升，准备礼物的时间大大减少，我们可以把这些固定成本逐期摊薄到具体项目的运营成本中，最终还是大大节约了开支。

我要提醒创始人的是：**每到年头年尾，工作总结是下属做，公司成本管理是老板做**。另外，还要提醒创业者的一点就是，很多员工计算老板收入的方式是按个体户方式进行的，也不会理解创业者如何考虑成本开支的问题，所以会错误地估计老板的收入情况，认为老板个个都是资本家，从而产生不必要的矛盾。

8.2
哪些成本容易被创始人漏算

学波特的价值链分析，会看到一张经典的图，如图8-1所示。

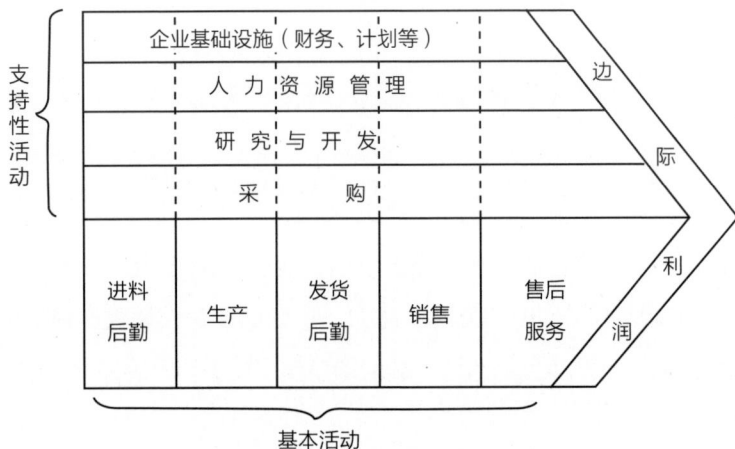

图 8-1　波特价值链分析模型

我最早其实没有看懂这张图，只是觉得波特很厉害，能画出这样一张图。后来自己开始创业，突然就懂了，记住波特这张图就可以预估自己的项目启动成本。比如，为什么我在没有多大本钱的时候还敢创立秋叶PPT？就是因为我对比了传统制造业模式后发现，我没有进料后勤、生产、发货后勤、销售等环节，也没有采购等环节。和传统教育模式相比，我的财务成本、人力资源成本、研发成本、售后服务成本、营销成本都低到与其不是一个数量级。这样算下来我没有什么风险，就是无本创业。

当然，不是每个行业都有这样的创业机会，但是请记住波特的这张图，不要将其当作创造价值的环节去解读，而是当作帮我们预判哪里会发生成本的环节去解读，这样反而更有指导价值。

哪个环节创造价值往往很难精确估量，但是不同环节发生的成本往往容易衡量。

今天的商业在快速变化，过去波特认为研发是支持活动，只有原材料、生产、仓储物流、销售、售后服务才是直接创造价值的部门。但是今天销售已经分化出营销和销售，营销在创造价值中的作用越来越大，懂用户心理策划的人才的作用越来越大，找对这样的人，就能极大地节约成本，创造价值。同样，对很多行业来说，优化和重组供应链也成为核心竞争能力，成为创造价值、节约成本的环节，不能看作是支持性环节。另外，研发＋策划在今天已经越来越重要，要进行一体化合作。在移动互联网时代，对用户而言，从接触你的产品到下单购买，很可能就是因为一次成功的推送。这和百度搜索繁荣时期的消费者搜索购买模型（见图8-2）有很大区别。

知道 ▶ 了解 ▶ 喜爱 ▶ 偏爱 ▶ 行动

图 8-2　百度搜索繁荣时期的消费者搜索购买模型

今天的消费模式很可能如图8-3所示。

精准到达 ▶ 冲动下单 ▶ 社交传播

图 8-3　当今消费者的消费模式

在这种情况下，如果产品设计不到位，营销策划不到位，转化率下降，成本耗费会非常大。所以，今天很多行业都强调设计师的价值，强调产品经理的价值，原因就在这里。所以说：

三流的企业从运营角度减少成本；

二流的企业从设计角度减少成本；

一流的企业从人才角度减少成本。

我的体会是要用对人，好的人总能帮你创造价值、节约成本，企业的竞争归根结底是人才的竞争。

对很多创始人而言，他们搞不清楚一些新兴趋势下人才的岗位要求标准。用的人不合适，其实有很大的隐性成本。比如，一个人的工资是显性成本，很容易计算，但是他工作能力不足带来的隐性成本就很容易被忽略。

创始人容易看到显性成本，忽略隐性成本。

像人工工资成本、办公室租金和水电物业成本、原材料成本、生产制造成本、广告渠道销售提成成本，都是比较容易计算的显性成本。回到我们自己的创业经历，有哪些隐性成本容易被忽略呢？

（1）**产品设计成本**。产品设计成本指因为产品设计不足而带来的用户服务成本、产品保护成本、研发新产品的成本。

最简单的例子就是图书。如果一本书一开始没有做好读者定位，写好内容，设计好包装，要达到预期销量就不得不投入大量的市场推广活动成本。但是，很多作者却将注意力放在如何出书上，而不是如何策划出一本好书上。

我们曾经做过一个戏精扑克牌的文创，原来计划做成一个产品去卖，但是收到样品后发现做纸牌用的纸成本是很低，但是纸质很软，很容易被小孩子撕坏，得做PVC版才行。另外，我们在印制前发现有一张牌面设计有问题，得改，所以不得不重新开了一次版，多出了一道开版费。

这些成本都是产品研发阶段经验不足形成的设计成本，造成了很大的隐形成本，如果能一次做到位，效果就会好很多。

（2）**供应链成本**。供应链成本指因为供应商不靠谱或者员工失误带来的成本。我们现在做文创、做电商，需要找到靠谱的供应商。有的供应商有制作经验，知道哪里能帮你节省成本而不牺牲用户体验；有的供应商能做出同样品质的东西，价格却比其他家低。这都需要花时间慢慢积累、优化，员工在这个过程中会付出大量的试错成本。

如果培养出了一个非常清楚这些供应链业务的员工而又未能将其留住，企业的损失也很大。

（3）**仓储物流成本**。仓储物流成本指仓库成本、搬运成本、快递成本及丢失成本，以及正常损耗成本。

秋叶团队作为一家在线教育公司，仓储物流费用是很大一笔成本。我们每年循环买进大约10万本书的物资，必须有一个大仓库进行存储。

2017年我们大概发了6万单快递，每一单快递优化1元钱就是6万元。如果我们仓库选址不好，从办公地点到仓库路程就很远，快递网点取货周期就会大大延长，会造成大量员工的时间损失。另外，我们的快递单量一大，就会带来一定的寄错概率。如果不从活动策划阶段就考虑寄送快递的各种细节，出错率高一倍，就会导致成本快速上升。

现在仅仅是快递礼物这一项，我们在活动策划阶段就强调了很多细节，每一条规定都是用钱买回来的教训。比如：

① 请写明你可收到货的姓名+具体到街道的地址+移动电话（写成网名、写错地址、座机不接听等都会导致无法投递）；

② 海外用户、部分国内地区用户不参与赠书活动（快递费太高）；

③ 需要单独给活动负责人发送订单截图和订单号（有人是在非活动期间购书的，以为这样也可以来领书）；

④ 活动在×××日结束，过期视为自动放弃（以此提醒有拖延症的用户）。

（4）客户满意度成本。客户满意度成本指为了维系客户满意度付出的成本，比如赠品、退货更换。

我们给客户寄送赠品，尤其是图书；有时候会寄错。一旦发现寄错，我们的对策是马上重寄，不需要对方退还。这不是因为我们大气，而是经过测算，核对并重寄所花费的成本远高于我们补寄一份换个好口碑的成本。

像我们做的许多规定都是有利有弊的。比如，我们规定使用苹果操作系统的用户不能参与我们的赠书活动，很多苹果手机用户对此很生气。但是通过苹果系统购买我们在网易云课堂上的课程，苹果公司要32%的销售额分成。我们如果再赠送一本书，算上快递费、人工费，199元的课程等于有一半的销售额已经没有了。所以我们宁可牺牲这类用户的满意度，也要保证自己的现金流健康。这就是代价。

很多商品销售都需要赠品促销，但是创业者往往在产品设计阶段忽略了留下赠品费用的空间。此外，很多消费者会依据法律条款要求退货，在很多行业这也是一笔大成本。

（5）员工成本。员工成本指员工能力不足或离职带来的成本、与公司文化相关的团队建设成本。

我们公司规模小的时候，大促销活动搞完，人很累，就要放假休息。现在规模大了，搞一次大促销活动之后团队就得搞一次团建，我们在2017年搞了5次大促销活动，就做了5次团建，去全国5个地方旅游。

这项成本开支不小，但总不能说每次大促销活动搞完就放假让大家睡觉或吃顿饭吧？提供一次旅游团建福利，一来可以鼓励团队士气；二来我们也可以借机和当地"铁粉"见见面；三来我们公司员工也会觉得在我们公司干，以后就可以不花钱玩遍中国，这也是一个巨大的吸引力。

等我们员工规模增大后，我们发现不仅是办公租金成本上升了，空调电费和办公室零食成本也比人工成本增加得快。

（6）**财务成本**。财务成本指开发票、报税、公司运营发票收集的成本。很多创始人低估了财务成本，除了依法纳税的成本之外，还有很多地方会带来财务成本。初创公司的很多员工往往没有养成收集票据的习惯，结果导致公司的大量支出无法入账。如果要补票据，又耗费员工大量的时间成本，这些隐性成本其实都是财务成本。

如果公司规模做大，聘请到一个靠谱、可信赖的财务总监是非常有必要的。

（7）**公关成本**。公关成本指为了维系各种商业关系付出的成本（礼品）。公司事业做大，需要维护的人情关系越来越多，花钱的地方自然也越来越多。朋友的活动要赞助伴手礼，朋友的项目要友情支持，帮助过自己的朋友逢年过节要送他礼物，朋友来公司交流要请客吃饭、安排住宿，这些成本零零碎碎，看起来不多，但汇总起来其实很多，一年超过100万元很正常。

另外，像我们做老板的，一个春节发出去的红包也是惊人的。截至2018年除夕这天的13点，我就把自己一张银行卡里的4万元发光了，不得不去其他银行卡里调资金。

另外，我还得做一个发钱预算，不仅要发钱，还得防止出现钱发了而人情还没有落到位的情况。

（8）**盗版的成本**。只要是做原创品牌的，有一定影响力后，就会遇到盗版。

我们秋叶系列课程，从2015年就在网络上遭遇大面积盗版侵权，很多学员向我们举报，我们也做了很大努力进行交涉、投诉，最多时一年成功投诉了400多家淘宝店铺，花费了大量精力。

然而，随着我们课程影响力的扩大，侵权行为越来越多，也越来越难以跟踪和惩治，对很多侵权行为，我们基本上无能为力，由此造成的市场损失也只能作为合理的经营损失。

（9）**管理风险**。企业的管理水平不足，会带来很多成本消耗。当然，管理风险也包括未来不可预知的经营风险。比如，招聘的员工不合格，做事达不到要求，你需要额外花很多精力"补坑"；流程设计不合理，导致团队效率低下、士气低落；对客户筛选不到位，让不匹配的客户对企业带来过大的投诉成本。这些都是管理风险。

好的管理者会大大节约这样的成本，但找到靠谱的管理者也不容易，很多时候我们会选择将就，这样反而会带来更大的隐性成本。

8.3
为什么注册公司环节对控制成本很重要

评估一个产品的成本要从产品研发到退出市场整个生命周期去评估。很多研究指出：产品成本优化最佳环节在研发阶段，研发环节做得好，能节约后期很多成本。

同样，注册公司也是控制一个公司成本的极佳时机。在注册阶段，有哪些问题只要多想一想就会带来很大的价值呢？

第一个问题：公司的名称、商标、自媒体品牌是否具备可保护性。现在是一个品牌时代，一个公司要获得长远的发展，就必须重视品牌的可保护性。比如，秋叶团队刚刚注册时就申请了"秋叶"商标，并把相关的微博、微信号都做了注册保护；我们曾经尝试做妈妈电商，第一时间花费了很大力气申请到一个好听、好记的商标名"妈妈点赞"。

这些都是我们做事的习惯。有的朋友在注册公司时忽略了对公司品牌名的系统检索和注册保护，甚至等自己的事业做到小有影响力后，才发现被别人注册了商标，这样更改成本就会很高了。

第二个问题：**公司驻地的税收政策及创业优惠政策**。现在国家有很好的税收政策，而各地的税收政策都不一样，建议创业者细心了解当地政府的税收制度。特别是企业到了一定规模，政府都会有相应的扶持政策。将政府的扶持政策用好，对企业的经营是非常有利的。

第三个问题：**公司驻地的交通、办公环境、餐饮条件、物流情况、租房成本等对公司日常运营、员工招聘都有潜在成本影响**。比如，秋叶团队原来在一栋LOFT里办公。这个LOFT的很多楼层被改成了酒店公寓，我们在招聘实习生的时候，有的实习生一听"到×××酒店公寓就找到我们公司了"，还以为我们是骗子，马上就不来面试了。这虽然好笑，但也说明办公环境是注册公司选址时要考虑的因素。

现在，我们绝大部分员工的居住地离公司只有半小时甚至5分钟的乘车距离，我们认为这个细节会大大提高员工满意度，也会提高我们的工作效率。

8.4
学会成本核算

对一个公司来说，一个项目赚不赚钱非常重要。因为有钱赚才有钱分，但很多人往往没有做好成本核算，结果对自己的项目赚钱不赚钱并不清楚，脑子里根本就是一笔糊涂账。

我管公司的时候，一开始特别关注销售收入，总觉得有收入了自然有现金流，肯定能赚钱。但是慢慢收入多了，业务复杂了，各个团队就提出人手不够，需要加人。为了不影响业务，我就慢慢加人手，还把一些业务骨干快速提拔为主管，希望他们能带着新人把业务做大。

在这个过程中，作为新手管理者，我们很容易走在犯错的路上。我们不应该急于扩大规模抓业务，而是要跑通最小业务模型，也就是搞清楚需要几个人才能完成一个业务闭环，成本多少，收入多少，有没有利润。在确定能稳定持续产生利润的基础上，我们需要马上思考可不可以把工作流程快速标准化，形成规范的工作手册，然后再招人培训，快速上岗，按照合理的投入产出比考核。

也就是说，在业务能力没有标准化之前，不要轻易扩大人员规模。这样表面上看我们错过了快速抓住市场的机遇，但实际上，规模扩大如果缺乏管控能力，反而会带来巨大的内部矛盾，让企业错过更大的发展机遇期。

打造出个人品牌的人，回顾自己的成功经历往往会发现，自己是抓住了一个"快"字，先人一步的行动力让自己快速抓住了风口。但是企业一旦有了规模，"稳"字就变得越来越重要。没有标准化，企业的管理就缺乏支撑，会变得一快就容易散架。

有的创始人会通过提拔人解决问题，但管理上有个"彼得效应"，即"在一个等级制度中，每个职工趋向于上升到他所不能胜任的地位"。更糟糕的是，这样的员工遇到业务压力，只会盲目添加人手，企图通过加人来分解自己的压力，如果他们没有管理能力，最后只会导致人浮于事，形成内耗。结果就是公司收入增加了，但人员增加更快，人均产值反而下滑了。让一个创业者在发展阶段盯住所有的成本细节，这很难，但是只需要估算一下总体收入和员工人数，人均产值在自己所在的行业是否处于一个合理的区间，就很清楚自己在成本控制上是否出现了问题。

一旦发现公司人均产值下滑很快，哪怕公司还在盈利，业绩还在上升，就都要警惕，这意味着我们很快就要遇到大的发展问题。

公司除了要整体核算成本，还要按照项目核算成本。

在个人单打独斗时代，一个人什么都要做，特别是做个人品牌起家的人，更是习惯自己充当多面手，进而会在安排员工工作时，也无意识地按照多面手的要求去管理团队。

不是说让员工成为多面手是不合理的要求，而是说这样会带来一个问题，即员工的工作安排不是归属到某个岗位职责或者某个持续的项目，而是事情来了谁有空就谁响应，那么为了把一个项目做好，可能很多人都在参与、都在帮忙。很多人在这个项目花的时间、做的辅助性的工作，甚至是某些采购的报销，都没有计算到这个项目的成本中。

这就扭曲了管理者对项目价值的判断，很多明明不赚钱的项目，但因为很多成本没有记录核算，结果项目看起来是盈利的，被认为是值得继续做的，这就在判断上出了很大的问题。

一个项目值不值得做，一方面是战略眼光的问题，另一方面是投入产出比的问题。战略项目允许阶段性亏损，但现金流业务要小心出现亏损。

所以我们应该围绕项目或者某条业务线，早点开始成本核算，要求员工养成报销费用要关联到项目的习惯，方便会计做成本核算。对做得好的项目、利润高的团队，要多奖励。发现项目不赚钱，拖累整个公司经营，就要早调整、早优化，不能犹豫不决。

8.5 课堂复盘讨论：渠道分成高，能接受吗

我们会遇到一个问题：有些渠道要求的分成特别高，有的报价甚至达到了销售额的70%，税还得我们承担。这种情况值不值得合作？

大部分人会计算使用成本，但创始人还应该思考机会成本。我们不仅仅要计算做一件事赚多少钱，还要计算做一件事会让我们错过赚哪些钱的机会；或者说我们不仅仅要计算做一件事亏多少钱，还要计算亏钱这件事能为我们带来哪些赚钱的机会。

所以，对内我会问我的团队这么几个问题：

（1）通过不同渠道购买产品的用户，转化购买后续产品的比例有多少？

（2）转化购买后续产品后带来的回报是否超过第一次让利70%的总额？

没有这个数据，我就很难搞清楚项目是赚还是亏。但是从机会成本角度，我会分情况考虑，也就是做这个让利有没有可能给我带来额外的利益。比如，如果我现在答应让利，能够让这门课在很短时间内冲过1万人的报名量，成为一门头部课程，带来持续转化能量，那么我就会考虑。当然，前提是我对这门课程的质量有信心。这等于是用空间换时间，抢占市场头部。但如果没有这个可能性，我就会拒绝，因为答应这样的分成模式，伤害的是整个团队的信心。这才是最大的机会成本！没有任何一个团队会认为，跟着一个把70%的销售额当利润分配出去的公司有前途。

我们可以来算算：分出去70%的销售额，企业还要承担税费，再考虑给老师15%的分成，企业等于无利可图。这样会导致运营团队没有获利空间，大家都是给别人打工。谁愿意跟着一个连基本利润都无法保障的公司呢？这只能说明公司内部运营压力太大，缺乏外部议价能力。

作为创始人，要传递给别人的信息是：别人家的课就是免费送也送不出去，可我们家的不但不打折，还涨价；渠道不愿意合作，那你们就会错过市场。我们的谈判策略就要很强硬。这种强硬的底气来自我们"不差钱"。

员工在遇到KPI压力的时候，一个天然的反应就是希望通过降价去达成目标。但如果创始人总是允许员工和自己博弈价格，那么员工最终就会失去和市场博弈价格的勇气，而这是绝不允许的。

当然，我们得承认，有些行业有自己的规矩，要招标，有价格上限，那我们也要做成本测算，适当调整。

说到机会成本问题，我想补充一个案例。很多企业现在做新媒体，用的助理是兼职，没有专门给兼职人员配置手机，这就犯了一个错。手机和微信账号都是助理私人的，所有潜在客户资源都在上面，万一这位员工离职就会很麻烦。

像这个问题的产生，就是因为没有考虑到员工的离职成本。我们在刚刚做社群时，就想到了这个问题，一开始就给每位员工配置了专门的手机和手机号码，用于专门做业务咨询和加微信好友，和员工自己的私人微信号分开。

买手机看起来公司支出增多了，但这根本不是最大的成本，最大的成本是，你公司的微信号是用员工的手机号码注册的，一旦员工离职，交接过程中会产生不必要的切换成本，核心业务甚至会陷入停滞。很多创业者一开始没有计算这些成本，盲目地选择省钱，却给自己的日后运营带来麻烦。

附录1
你的公司处于哪个层级

我进入职场的第一家公司是一家软件公司，在这家公司我学到一个评估软件公司是否成熟的模型——能力成熟度模型（Capability Maturity Model，CMM）。CMM用于评估软件企业的总体能力，侧重于软件开发过程的管理及工程能力的提高与评估。我创业以后发现，这个模型其实也是一个公司成熟度评估模型，我一直用这个模型来评估我自己的项目。

根据CMM，可将创业公司分为5个级别：可完成级、可重复级、可定义级、可管理级、可优化级（见附图1）。

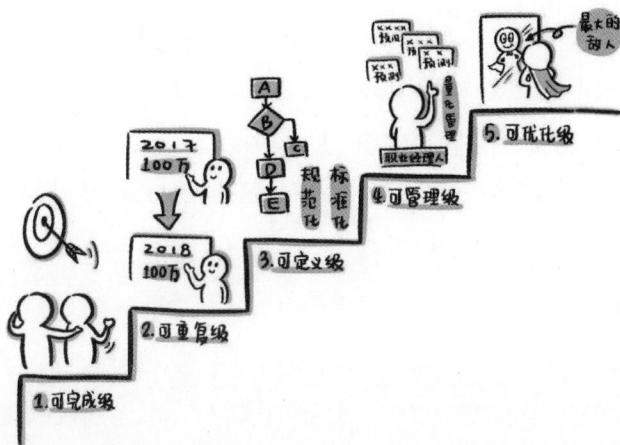

附图1　用CMM做公司成熟度评估

我用自己的话简单解释一下这5个层级的含义。当然，这个模型的内涵也被我做了一点儿小的延伸。

1．可完成级

两个人成立一家公司，公司没有倒掉，达到了预期目标，就算可完成。这个阶段对创始人要求其实很低，有时候运气好的话，只要足够勤奋就能赚到钱。

2．可重复级

如果一家公司去年的营业收入目标是100万元，今年还能做到100万元，就说明公司开始有了内在的满足市场的能力，而不是靠撞大运发展。这个时候就需要创始人为公司打造稳定的商业模式雏形，培养长期合作的团队。

3．可定义级

到这个阶段，对内，公司开始意识到要完成工作目标，必须建立标准化岗位分工，界定岗位职责，高效协同；对外，公司开始明确提出目标并分解到各个部门去完成。在这个阶段，公司会不断提出新的挑战，比如今年要达到营业收入100万元，明年是150万元等。这个阶段需要创始人在保持进取心的同时，持续关注公司业务流程的规范化、标准化。在这个阶段，创始人开始向企业家转变，公司也开始从创业时勇于冲锋开始向业绩考核KPI思维转变。

4．可管理级

公司到了可管理阶段，就进入了市场成熟期：每年的市场任务大概是多少，可以预测；完成市场挑战需要花费多少成本，可以预测；如果出现未预料到的情况，要投入多少资源应对，可以预测。这个阶段公司的职业经理人就显得非常重要，他们要帮助公司完成量化管理。一家公司能走到这一步才是一家成熟的公司，创始人也才真正变成了企业家。

5．可优化级

公司到了这一层就成了一家市场领先的企业，最大的对手就是自己。如何在领先地位不骄傲自大而保持进取心，如何防止店大欺客，如何在过去管理效率接近极致的情况下通过持续创新、优化成本结构放大运营能力，从而带来长期的竞争力，这都是可优化级企业要思考的问题。很少有企业能走到这一步，能走到这一步的都是令人尊重的企业，它们一定在企业管理上做出了重要创新。

我建议各位创始人思考一下：对照上述用CMM做的公司成熟度评估的5个层级，你觉得你的事业已经走到了哪个层级？又或者说，不同的业务板块分别处于哪个层级？在不同的层级，你的工作重点应该是什么？不同的企业层级所对应的行业市场是存量市场还是增量市场？应该采取怎样的战略打法？

附录2
个人品牌创业105问

　　创业其实是一个不断应对风险的过程，如果在创业之前对风险有足够的认识，做好充分的准备，就能够更好地迎接风浪，甚至乘风破浪。我们把创业中最容易遇到的风险整理为以下105个问题，建议每一个准创业者都能找个时间，理性思考你的答案。

一、创业，你准备好了吗

1．你希望从生活中得到什么？

2．你个人的核心优势是什么？

3．你的核心优势在过去的事业发展中有哪些体现？

4．你有哪些缺点或不足？

5．你的这些缺点或不足造成的最坏的结果是什么？

6．你为什么要创业？

7．你希望从创业中得到什么？

8．你希望打造一家什么样的公司？

9．如何让你的公司成为这样的公司？

10．你的优势或不足会影响你的公司吗？

11．你准备投入多少钱创业？

12．这笔钱从哪里来？能够支撑你创业多长时间？

13．如果创业失败，对你会有什么影响？

14．如果创业失败，对你的家庭会有什么影响？

15．你能做哪些准备来降低创业失败可能的负面影响？

16．你的家人支持你创业吗？

17．你希望从家人那里得到哪些支持？

18．你的家人能给你哪些支持？

19．关于创业的机会和风险，你是否和家人有过深度沟通？

20．遇到经营风险时，你的家人承压底线是多少？

二、你选择的创业路，是对的吗

1. 你有哪个行业或领域的经验和资源？
2. 你准备进入的行业或领域处于什么阶段？
3. 还有哪些行业或领域未来3~5年都是上升期？
4. 在这些行业或领域里你看到了哪些新计划？
5. 同你的经验与资源比较匹配的行业机会有哪些？
6. 这些行业机会所在的市场规模有多大？
7. 这个市场属于存量市场还是增量市场？
8. 这个市场现存的商业模式或成功案例有哪些？
9. 如果你进入这个市场可以学习或借鉴哪种商业模式？
10. 如果你进入了这个市场，可以采用什么样的市场策略？
11. 你是否足够了解影响这个行业或领域经营的关键要素？
12. 你可以给自己多长的试错时间？
14. 你可以和谁来讨论这些问题？
15. 你还能从哪里获得需要的资讯和信息？

三、合伙人，怎么选

1. 要做这个事业，你的团队需要什么样的核心能力？
2. 这个能力你有没有？
3. 这个能力靠你一个人够不够？
4. 除此之外，还需要什么能力？
5. 你打算强化核心能力，还是找互补能力？
6. 除了能力，你还看重合伙人的哪些品质或特质？
7. 具备这些能力和品质的人会有什么样的背景？
8. 你能在哪里找到这样的人？
9. 你为邀请他（她）加入你的团队能够承担多高的成本？
10. 薪酬结构怎么定？
11. 股权分不分？分给哪些人？怎么分？
12. 退出机制怎么定？
13. 权、责、利怎么定？
14. 如果不能跟合伙人达成一致意见怎么办？
15. 你的底线是什么？

四、团队，怎么招到合适的人

1. 你公司当前的核心业务是什么？
2. 核心业务需要团队成员具备哪些能力？
3. 你和合伙人是否具备这些能力？
4. 还需要补足或强化团队的哪些能力？
5. 这些能力需要招到什么样的人才？
6. 团队至少需要几个这样的人才？
7. 你希望这些人具体做哪些工作？
8. 这些工作应该产生哪些实际结果？
9. 这些工作结果是否是核心业务需要的？
10. 哪些工作岗位急需用人？
11. 这样的人才应该具备什么样的背景？
12. 这样的人才会出现在哪些公司、哪些平台、哪些社群？
13. 这样的人才市场薪资是多少？
14. 你能承担多高的成本？
15. 试用期内你打算重点考核员工哪项能力？
16. 除了业务表现，你还需要考核哪些方面？
17. 如果员工各方面的表现超出预期，你如何激励员工？
18. 如果员工各方面的表现不符合预期，你准备何时劝退该员工？
19. 招聘、面试时，你还需要听谁的意见？
20. 对员工的工作表现的考核，你还需要听谁的意见？

五、产品，怎么吸引用户

1. 你希望赚哪些人的钱？
2. 这些人，在年龄、性别、消费偏好、购买力、所在区域、生活路径上分别有哪些共同特征？
3. 这些人经常购买的同类型产品或服务有哪些？
4. 通过什么途径购买？
5. 各是什么价位？
6. 复购周期是多长？
7. 购买理由是什么？
8. 这些产品或服务在新媒体、电商平台上的口碑如何？

9. 这些产品或服务在销售榜单（如有）的排名如何？

10. 这些产品或服务的成本结构如何？

11. 这些产品或服务的利润率是多少？

12. 这些产品或服务的竞争力是什么？

13. 你是否具备同样的竞争力？

14. 你还发现了哪些没被满足的用户需求？

15. 这些需求有多大的市场？

16. 你可以做些什么来满足这些需求？

17. 你的核心产品是什么？

18. 你的引流产品是什么？

19. 为你创造最高利润的产品是什么？

20. 能帮你测试这些产品的种子用户从哪里来？

六、运营，怎么计算成本

1. 你的项目需要多少启动成本（包括公司注册成本、人力成本、运营成本等，确保公司正常运营至少6个月）？

2. 每月固定成本（包括人员工资、办公成本、平台服务费等每个月都需要固定支出的成本）是多少？

3. 项目稳定运营每月需要的现金流（能够覆盖固定成本的总收入）是多少？

4. 确保现金流需要多少付费用户或销售收入？

5. 触达精准用户有哪些途径或渠道？

6. 同类产品或服务，在不同渠道的平均销售转化率是多少？

7. 不同渠道获取一个付费用户需要多少钱？

8. 有没有成本更低的获客渠道或途径？

9. 你的团队更擅长哪一种获客方式？

10. 用这种方式需要投入多少资金才能获得足够的付费用户？

11. 用这种方式是否可以持续稳定地获得足够的付费用户？

12. 你还可以用哪些途径或渠道吸引新用户？

13. 你的项目每月总成本是多少？

14. 你的项目每月利润率是多少？

15. 如果收入提高一倍，成本和利润的变化幅度是多少？